会计信息化教程实训

杨应杰　褚　颖　袁向华　主编

第二版

化学工业出版社

·北京·

内容简介

本书是《会计信息化教程》的配套实训教材。本书以用友 ERP-U8V10.1 为操作平台，分为 3 个模块，包括理论知识训练、单项技能实训与综合技能实训，并配有参考答案（二维码）、账套、操作步骤截图与录屏及电子版期末试卷等教学资源。

本书可作为高等院校经济、管理类专业的专业课教材，也可作为会计从业人员的业务参考书及培训用书。

图书在版编目（CIP）数据

会计信息化教程实训/杨应杰，褚颖，袁向华主编
. —2 版 . —北京：化学工业出版社，2023.11
ISBN 978-7-122-43966-6

Ⅰ.①会…　Ⅱ.①杨…②褚…③袁…　Ⅲ.①会计
信息-财务管理系统-教材　Ⅳ.①F232

中国国家版本馆 CIP 数据核字（2023）第 147960 号

责任编辑：王　可　　　　　　　　　　　装帧设计：张　辉
责任校对：刘曦阳

出版发行：化学工业出版社（北京市东城区青年湖南街 13 号　邮政编码 100011）
印　　装：三河市延风印装有限公司
787mm×1092mm　1/16　印张 6　字数 140 千字　2023 年 11 月北京第 2 版第 1 次印刷

购书咨询：010-64518888　　　　　　售后服务：010-64518899
网　　址：http：//www.cip.com.cn
凡购买本书，如有缺损质量问题，本社销售中心负责调换。

定　　价：28.00 元

编写人员

主　编　　杨应杰　　　　　　　　（郑州工程技术学院）

　　　　　　褚　颖　　　　　　　　（河南农业职业学院）

　　　　　　袁向华　　　　　　　　（周口职业技术学院）

副主编　　冷雪蕊　　　　　　　　（河南农业职业学院）

　　　　　　李　真　　　　　　　　（河南农业职业学院）

　　　　　　乔海燕　　　　　　　　（河南农业职业学院）

　　　　　　刘　柯　　　　　　　　（河南农业职业学院）

主　审　　贾大明　　　　　　　　（新道科技股份有限公司）

第二版前言

本书作为《会计信息化教程》的配套实训用书，旨在加强学生的知识训练与实践技能训练，最大限度地满足教师教学和学生实训需要。

本教材分为3个模块，包括理论知识训练、单项技能实训与综合技能实训。

模块一为理论知识训练，与主教材同步，对教材中的每个项目均配有理论知识训练。

模块二为单项技能实训，单项技能实训（一）按照先基础部分，然后4个子系统，再后期末结账，最后报表的顺序设置，更能体现"账务链"的完整性与系统性，这是为课时充足的学生设计的。单项技能实训（二）与主教材编写顺序一致，按照先系统管理、基础档案设置，再总账、报表，最后是薪资管理、固定资产管理、应收款管理与应付款管理4个子系统，这样设计是为了方便课时较少的学生。

模块三为综合技能实训，综合技能实训（一）考核的是系统管理、基础设置、总账、报表、薪资管理与固定资产管理。综合技能实训（二）考核的是系统管理、基础设置、总账、报表、应收款管理与固定资产管理。基础部分系统管理、基础设置、总账与报表，都是考核重点。综合技能实训也可作为期末考试试卷使用。

本书配套丰富的教学资源。理论知识训练各项目后面以二维码形式附有参考答案，单项技能实训配有操作截图以及账套，综合技能实训配有电子版试卷、答题卷与参考答案，可在化学工业出版社教学资源网（www.cipedu.com.cn）下载。

本教材由杨应杰、褚颖、袁向华主编，冷雪蕊、李真、乔海燕、刘柯担任副主编。模块一及其参考答案、模块三由杨应杰完成，模块二的单项技能实训（一）及其相关资源由刘柯完成，模块二的单项技能实训（二）

及其相关资源由褚颖、冷雪蕊、袁向华完成，模块三相关资源由李真、乔海燕完成。贾大明对本教材提出了一些意见和建议。最后，由主编对全书作了修改和完善。

由于水平有限，书中难免不足之处，敬请读者批评指正。

编　者

2023 年 6 月

目　录

模块一　理论知识训练

模块二　单项技能实训

模块三　综合技能实训

模块一

理论知识训练

项目一

会计信息化基本知识

一、单项选择题

1. 用友 ERP-U8V10.1 软件的安装首先要安装（　　）。

A. 数据库　　　　　　B. 数据库服务器　　　C. 应用服务器　　　　D. 客户端

2. 会计软件以（　　）为处理对象。

A. 软件　　　　　　　B. 硬件　　　　　　　C. 会计信息　　　　　D. 会计数据

3. 完成一般会计核算工作的软件为（　　）会计软件。

A. 单项核算型　　　　B. 核算型　　　　　　C. 管理型　　　　　　D. 会计数据

4. 结合本单位实际开发的会计软件为（　　）会计软件。

A. 专用　　　　　　　B. 通用　　　　　　　C. 单机版　　　　　　D. 网络版

5. 商品化会计软件一般为（　　）会计软件。

A. 专用　　　　　　　B. 通用　　　　　　　C. 单机版　　　　　　D. 网络版

6. 会计软件的业务处理包括会计数据输入、输出和（　　）。

A. 备份　　　　　　　B. 恢复　　　　　　　C. 处理　　　　　　　D. 复制

7.（　　）是计算机运行的最基础的系统软件。

A. 操作系统　　　　　　　　　　　　　B. 数据库管理系统

C. 应用软件　　　　　　　　　　　　　D. SQL Server

8. 用友 ERP-U8 软件将数据库服务器、应用服务器和客户端都安装在一台计算机上，称之为（　　）。

A. 单机应用模式　　　　　　　　　　　B. 网络应用模式

C. C/S 网络应用模式　　　　　　　　　D. 单机应用模式和网络应用模式

二、多项选择题

1. 用友供应链管理系统包括（　　）。

A. 采购管理　　　　　B. 销售管理　　　　　C. 库存管理　　　　　D. 存货核算

2. 会计信息化运行要素包括（　　）。

A. 系统人员　　　　　B. 计算机硬件　　　　C. 计算机软件　　　　D. 系统运行制度

3. 会计信息系统的主体是系统人员，包括（　　）。

A. 会计人员　　　　　　　　　　　　　B. 系统管理人员

C. 系统开发和维护人员　　　　　　　　D. 总经理

4. 计算机硬件包括（　　）。

A. 硬盘　　　　　　　B. 扫描仪　　　　　　C. 计算机　　　　　　D. 打印机

5. 用友财务管理系统包括（　　）。

A. 总账管理　　　　　B. 应收款管理　　　　C. 固定资产管理　　　D. 采购管理

6. 会计信息化的意义有（　　　）。

A. 提高会计工作效率　　　　　　　　B. 提高会计工作质量

C. 提高企业管理水平　　　　　　　　D. 促进会计队伍素质提高

7. 用友财务管理系统包括（　　　）。

A. 总账管理　　　　B. 应收款管理　　　　C. 固定资产管理　　　　D. 采购管理

三、判断题

1. 一般来说，会计信息化就是会计电算化。（　　　）

2. 会计信息化和手工会计处理基本功能不同。（　　　）

3. 中小企业一般采用广域网应用网络信息系统。（　　　）

4. 会计信息系统是一个人机系统，其运行要素包括系统人员、计算机硬件和计算机软件。（　　　）

5. 会计软件是会计信息系统中最主要的组成要素。（　　　）

6. 模拟手工记账探索起步阶段其实就是设置专门的账务处理系统，模拟手工业务处理过程。（　　　）

7. ERP 企业资源计划不同于以往的财务软件，它体现了先进的会计和管理思想。（　　　）

M1-1 参考答案

项目二

系统管理

一、单项选择题

1. 建立账套后，（　　）不能修改。
A. 账套号 　　　　　　B. 账套名称 　　　　C. 启用会计期 　　　D. 账套主管

2. 首次注册进入系统管理时，操作员只能是（　　）。
A. 单位领导 　　　　　　　　　　　　B. 系统管理员和账套主管
C. 系统管理员 　　　　　　　　　　　D. 账套主管

3. 一个账套可以有（　　）个账套主管。
A. 1 　　　　　　　B. 2 　　　　　　C. 3 　　　　　　D. 多

4. （　　）可以作为区分不同账套数据的唯一识别标志。
A. 账套号 　　　　　　B. 账套名称 　　　　C. 单位名称 　　　　D. 账套主管

5. 账套主管可以进行的操作是（　　）。
A. 增加用户 　　　　　　　　　　　B. 建立账套
C. 修改账套 　　　　　　　　　　　D. 备份、删除和引入账套

6. 用于完善内部金额控制，实现对具体金额数量划分级别的是（　　）。
A. 功能级权限管理 　　　　　　　　B. 数据级权限管理
C. 金额级权限管理 　　　　　　　　D. 各模块操作权限管理

7. （　　）有权在系统中建立账套。
A. 系统管理员 　　　　B. 出纳员 　　　　C. 审核员 　　　　D. 操作员

8. 若科目编码级次为 4222，则银行存款 / 工行存款编码为（　　）。
A. 10021 　　　　　　B. 100201 　　　　C. 1002001 　　　　D. 10020001

9. （　　）不属于企业基础信息设置。
A. 部门档案 　　　　B. 职员档案 　　　　C. 客户档案 　　　　D. 报表定义

二、多项选择题

1. 若建立账套时间为 2019 年 1 月，则总账启用时间可以是（　　）。
A. 2019 年 1 月 1 日 　　　　　　　B. 2019 年 3 月 1 日
C. 2018 年 1 月 1 日 　　　　　　　D. 2019 年 12 月 1 日

2. 账套基本信息包括（　　）。
A. 系统启用 　　　　B. 编码方案 　　　　C. 数据精度 　　　　D. 部门档案

3. 下列属于系统管理员的操作权限有（　　）。
A. 建立账套 　　　　B. 分配用户权限 　　C. 账套引入和输出 　D. 账套库结转

4. 系统只允许（　　）进入系统管理。
A. 系统管理员 　　　　B. 账套主管 　　　　C. 主管会计 　　　　D. 出纳

5. 增加操作员必输项有（　　　）。

A. 操作员编号　　　　　B. 姓名　　　　　　　C. 口令　　　　　　　　　D. 所属部门

6. 系统启用方法有（　　　）。

A. 建立账套后直接启用　　　　　　　　B. 账套主管在企业应用平台中启用

C. 只能在建立账套后启用　　　　　　　D. 只能由账套主管在企业应用平台中启用

7. 对非账套主管的操作员授权的人有（　　　）。

A. 系统管理员　　　　　B. 账套主管　　　　　C. 总经理　　　　　　　　D. 主管会计

三、判断题

1. 系统管理员和账套主管都可以进入系统管理，且两者操作权限不一致。（　　　）

2. 系统管理模块为整个软件提供了一个建账的操作平台。（　　　）

3. 输出账套功能是将所选的账套数据进行备份，既可以在硬盘上备份，也可以在软盘上备份。（　　　）

4. 账套主管自动拥有所管辖账套所有模块的操作权限。（　　　）

5. 建账过程中对基础信息所作的设置，如有无外币、供应商是否分类、编码规则等，建账完成后可以修改。（　　　）

6. 一个角色可以拥有多个用户，但一个用户可以分属不同角色。（　　　）

7. 账套号可以自行设置 3 位数字，但不能与系统内已有的账套号重号。（　　　）

8. 利用账套输出可以进行账套删除操作。（　　　）

9. 备份的账套数据可以直接打开运行。（　　　）

10. 企业一套完整的账簿体系在计算机系统中称为一个账套。（　　　）

M1-2 参考答案

企业应用平台

一、单项选择题

1. 编码方案一旦使用就不能更改了，若要更改必须将相应档案数据（   ）。

A. 删除   B. 保存   C. 备份   D. 其他

2. 下列（   ）不属于企业基础档案的设置。

A. 部门档案   B. 职员档案   C. 客户档案   D. 多栏账定义

3. 关于基础档案设置说法错误的是（   ）。

A. 有编码规则的必须遵守，先设一级编码，再设下级编码

B. 部门编码设定后，如增加部门档案，部门编码不可改

C. 部门档案中，部门负责人是必录数据项

D. 职员档案必属某一部门

4. 部门档案用于设置部门相关信息，一般不包括（   ）。

A. 部门编码   B. 部门属性   C. 部门位置   D. 部门名称

5. （   ）是企业物流管理和财务核算的主要对象。

A. 存货   B. 客户   C. 供应商   D. 部门

6. 常用快捷键中，（   ）表示新增一张凭证或单据。

A. F1   B. F2   C. F3   D. F5

7. 如果某职员需要在其他档案中被参照，需要选中（   ）。

A. 是否操作员   B. 是否业务员   C. 是否营业员   D. 对应操作员

8. 若客户分类编码为223，则增加批发客户一级分类中的批发商二级编码为（   ）。

A. 1   B. 01   C. 0101   D. 101

二、多项选择题

1. 存货计量单位组可以分为（   ）。

A. 无换算   B. 固定换算   C. 浮动换算   D. 自然单位

2. 基础档案的内容包括（   ）。

A. 职员档案   B. 供应商档案   C. 存货档案   D. 会计科目

3. 如果需要开具销售专用发票，则客户档案必须输入（   ）。

A. 税号   B. 开户银行   C. 银行账号   D. 所属地区

4. 存货档案定义中，可以对存货属性进行多种组合定义，其中可以在采购中直接参照的存货属性是（   ）。

A. 外购   B. 外购 + 自制   C. 外购 + 销售   D. 外购 + 生产耗用

5. 具有（   ）存货属性的存货可以用于出售。

A. 内销   B. 外销   C. 采购   D. 应税劳务

6. 供应商档案设置的内容与客户档案设置基本相同，除了（　　　）。

A. 信用　　　　　　B. 其他　　　　　　C. 基本　　　　　　D. 联系

三、判断题

1. 如果只启用总账系统，其他系统都不启用，则不能设置银行档案、付款条件。（　　　）

2. 某企业的部门编码规则是 322，则其一级部门编码由 000 ～ 999 组成。（　　　）

3. 只能先设置部门档案，后设置职员档案，必须有先后顺序。（　　　）

4. 存货档案中的存货属性必须选择正确，否则无法在填制相应单据中显示。（　　　）

5. 部门档案既可以在企业应用平台的基础档案中设置，也可在使用部门档案的其他系统中进行设置，系统中基础档案信息是共享的。（　　　）

6. 人员类别是人员档案中的必选项，需要在人员档案设置前设置。（　　　）

7. 设置分管部门和专管业务员的目的是在应收应付款管理中填制发票等单据时，能自动根据客户显示部门及业务员信息。（　　　）

8. 存货档案设置之前，必须先设置计量单位。（　　　）

M1-3 参考答案

项目四

总账管理

一、单项选择题

1. 如果银行科目需要使用系统的"银行对账"功能，则该科目就必须设置成（   ）。

A. 资产类   B. 银行账   C. 金额式   D. 日记账

2. 若某一科目既有一级科目又有二级科目，输入科目余额时应（   ）。

A. 只输一级科目余额   B. 只输二级科目余额

C. 两者都输   D. 输入哪个都行

3. 在录入具有项目辅助核算的会计科目的期初余额时，系统提示"该科目没有定义项目大类"，原因在于（   ）。

A. 项目档案中没有增加项目大类   B. 项目档案中没有进行项目分类定义

C. 项目档案中没有指定核算科目   D. 项目档案中没有设置项目目录

4. 在出纳管理中，能够查询"库存现金日记账"信息的前提是（   ）。

A. 指定现金流量科目   B. 指定现金科目   C. 指定银行科目   D. 会计科目设置

5. 凭证要予以记账，必不可少的操作是（   ）。

A. 出纳签字   B. 主管签字   C. 审核   D. 登记支票

6. 设置会计科目时，必须是（   ）。

A. 科目全编码   B. 明细科目编码   C. 一级科目编码   D. 助记码

7. 会计信息化后，工作量最大的日常账务处理是（   ）。

A. 凭证处理   B. 记账处理   C. 结账处理   D. 账簿输出

8. （   ）情况下，可以结账。

A. 上月有未记账凭证   B. 没有未记账凭证

C. 本月有未记账凭证   D. 没有未审核凭证

9. 在总账系统中，采用自定义转账分录生成机制凭证前，须做好（   ）工作。

A. 本月发生的经济业务已制成凭证，已审核但未记账

B. 本月发生的经济业务已制成凭证，已审核已记账

C. 本月发生的经济业务已制成凭证，已审核已记账已结账

D. 本月发生的经济业务已制成凭证，未审核记账

二、多项选择题

1. 关于总账系统记账凭证录入功能，下列说法正确的是（   ）。

A. 凭证日期应随凭证号递增而递增，并且大于等于业务日期

B. 对应定义了辅助核算的科目，应在输入每笔分录时同时输入辅助核算的内容

C. 凭证金额合计栏由计算机自动计算借方科目和贷方科目的金额合计数并显示

D. 当前新增分录完成后，按回车键，系统可以将摘要自动复制到下一分录行

2. 某公司在工商银行开立了一个美元账户，公司对该账户进行银行存款日记账管理，并

定期进行银行对账，则在设置会计科目时，应选择（   ）选项。

  A. 银行账   B. 项目核算   C. 外币核算   D. 日记账

3. 以下属于总账系统参数设置的内容是（   ）。

  A. 制单控制   B. 凭证控制   C. 账簿控制   D. 编码方案设置

4. 银行对账通常包括（   ）。

  A. 录入银行对账期初余额   B. 录入银行对账单

  C. 银行对账   D. 编制余额调节表

5. 删除凭证必须要经过（   ）。

  A. 作废 / 恢复   B. 删除分录   C. 整理凭证   D. 冲销凭证

6. 下列关于期初余额的描述中，正确的有（   ）。

  A. 所有科目都必须输入期初余额

  B. 红字余额应输入负号

  C. 期初余额试算不平衡，不能记账，但可以填制凭证

  D. 如果已经记账，则还可修改期初余额

7. 下列关于会计科目的描述中，正确的有（   ）。

  A. 要修改和删除会计科目，应先选中该会计科目

  B. 科目一经使用，即已经输入记账凭证，则不允许修改或删除该科目

  C. 有余额的会计科目不可直接修改

  D. 删除会计科目应从末级科目开始

8. 下列不能结账的情况有（   ）。

  A. 本月还有未记账凭证   B. 上月未结账

  C. 账账不符   D. 其他系统未结账

9. 关于记账的操作，正确的有（   ）。

  A. 每月记账只能一次   B. 记账只能在月末进行

  C. 每月记账可以多次   D. 记账可以在月末进行

三、判断题

1. 采用序时控制，凭证日期应大于等于启用日期，但不能超过业务日期。（   ）

2. 首次进行银行对账时，必须录入期初未达账项，以后各会计期间的未达账项由软件自动生成。（   ）

3. 红字冲销法冲销凭证只适用于已记账凭证的修改。（   ）

4. 只有账套主管有权限进行反记账与反结账操作。（   ）

5. 在明细账查询窗口中，可以联查到相应科目的总账及记账凭证。（   ）

6. 每个月末，均需要先进行转账定义，再进行转账生成。（   ）

7. 期间损益结转凭证生成之前，应先将所有未记账凭证审核并记账。（   ）

8. 作废凭证可以不删除，但是不参与数据汇总及计算，相当于一张空白凭证。（   ）

M1-4 参考答案

项目五

UFO 报表管理

一、单项选择题

1. 表页重算是指（　　）。

A. 计算此表所有有关键字的表页　　　　B. 只计算当前表页的数据

C. 计算当前表页后所有的表页数据　　　D. 以上均不正确

2. 利用报表模板，制作报表的基本流程是（　　）。

A. 新建报表文件—定义单元公式—录入关键字—生成报表—保存报表

B. 新建报表文件—选择报表模板—录入关键字—生成报表—保存报表

C. 新建报表文件—录入关键字—选择报表模板—生成报表—保存报表

D. 新建报表文件—录入关键字—定义单元公式—生成报表—保存报表

3. 如果发现 UFO 生成的报表有公式的单元数据错误，应（　　）。

A. 直接键入正确的数据　　　　　　　　B. 返回格式状态修改公式

C. 返回格式状态修改数据　　　　　　　D. 删除该报表，重新生成报表

4. 会计报表所用的数据主要来自（　　）。

A. 报表自身　　　　B. 薪资管理系统　　　C. 总账系统　　　D. 成本核算系统

5. 以下（　　）操作必须在数据状态下进行。

A. 设置单元属性　　　B. 设置表尺寸　　　C. 输入关键字　　　D. 定义舍位平衡公式

二、多项选择题

1. 在 UFO 报表系统中可完成的操作包括（　　）。

A. 设计报表格式　　　B. 插入图表　　　C. 文档编辑　　　D. 数据计算

2. 下列（　　）操作必须在数据状态下完成。

A. 表页重算　　　　B. 审核操作　　　C. 设置列宽　　　D. 单元组合

3. 报表系统中的关键字主要有（　　）。

A. 单位名称　　　　B. 年份　　　　　C. 月份　　　　D. 报表文件名称

4. 在报表格式状态下，可以完成（　　）操作。

A. 单元组合　　　　B. 设置列宽　　　C. 定义报表公式　　　D. 增加表页

5. 资产负债表中未分配利润期末数的取数公式可能涉及（　　）。

A. 利润分配　　　　B. 本年利润　　　C. 盈余公积　　　D. 投资收益

6. 要想改变好 UFO 报表尺寸，可以选择的方法有（　　）。

A. 在数字状态下执行插入表页操作　　　B. 在格式状态下执行插入行或列操作

C. 在格式状态下执行追加行或列操作　　　D. 在数字状态下执行追加表页操作

7. 在 UFO 报表中，除了从总账系统提取数据，还从（　　）提取数据。

A. 应收款管理　　　B. 薪资管理　　　C. 财务分析　　　D. 采购管理

8.（　　）属于报表格式设计的内容。

A. 画表格线　　　　　B. 设置单元属性　　C. 设置行高和列宽　　D. 录入关键字

三、判断题

1. 会计报表中的数据主要来自总账系统。（　　　）

2. 在报表格式状态下所做的操作，对本报表所有的表页都起作用。（　　　）

3. 在 UFO 报表中，关键字的主要作用是标识表页。（　　　）

4. UFO 报表中，报表数据处理一定在数据状态下进行。（　　　）

5. UFO 中关键字偏移量为负数，则表示关键字的位置向左偏移的距离。（　　　）

6. UFO 报表的所有数据单元都可以联查明细账。（　　　）

7. 会计报表软件只能输出当前会计期间的报表数据信息。（　　　）

8. 报表系统中报表模板所提供的报表运算公式都正确无误。（　　　）

M1-5 参考答案

项目六

薪资管理

一、单项选择题

1. 以下（　　）不属于薪资管理系统初始设置范畴。

A. 人员档案设置　　　　　　　　　　B. 薪资管理账套参数设置

C. 计件工资统计　　　　　　　　　　D. 工资项目设置

2. 关于用友薪资管理系统说法，不正确的是（　　）。

A. 系统默认固定工资项目有应发合计、扣款合计和实发合计

B. 若在参数设置中选择了代扣税参数，则系统在工资项目中自动添加代扣税项目

C. 若在参数设置中选择了扣零参数，则系统在工资项目中自动添加本月扣零和上月扣零两个项目

D. 薪资系统只提供单个工资类别处理功能

3. 增加工资项目时，如果在增减栏选择"其他"，则该工资项目的数据（　　）。

A. 自动计入扣款合计　　　　　　　　B. 自动计入应发合计

C. 既不计入应发合计也不计入扣款合计　　D. 既计入应发合计也计入扣款合计

4. 薪资系统与总账系统不能共享的信息是（　　）。

A. 部门代码　　　　B. 凭证类型　　　　C. 会计科目　　　　D. 计算公式

5. 薪资管理系统反结账功能在（　　）情况下不能执行。

A. 已做工资表　　　　　　　　　　　B. 非主管人员操作

C. 应付系统已经结账　　　　　　　　D. 总账系统已经结账

6. 在薪资管理系统中，以下哪项内容使用后不可修改（　　）。

A. 人员附加信息　　B. 工资项目　　C. 银行名称　　D. 人员类别名称

7. 薪资管理系统中的清零工作在（　　）进行。

A. 月初建账时　　　　　　　　　　　B. 输入工资数据资料时

C. 月末结账前　　　　　　　　　　　D. 以上均可

8. 如果只想对某个部门或某个人员的工资数据进行修改，最佳方法是利用系统提供的（　　）功能。

A. 定位　　　　　B. 筛选　　　　　C. 过滤器　　　　D. 替换

9. 在薪资管理系统中，人员的增减变动应该在（　　）中处理。

A. 人员类别　　　B. 工资变动　　　C. 人员档案　　　D. 数据上报

二、多项选择题

1. 以下（　　）操作必须在打开工资类别的情况下才能进行。

A. 增加人员档案　　B. 增加部门　　　C. 增加人员类别　　D. 关闭工资类别

2. 薪资系统中，不需另行设置工资计算公式的项目是（　　）。

A. 应发合计　　　　B. 扣款合计　　　C. 实发合计　　　D. 养老保险金

3. 在工资分摊构成设置中，需要设置的内容有（　　　）。

A. 科目　　　　　　　B. 部门　　　　　　　C. 工资项目　　　　　　　D. 人员类别

4. 下列正确的是（　　　）。

A. 薪资系统的部门档案与总账系统一致　　　B. 薪资系统的人员档案与总账系统一致

C. 薪资系统的科目和总账系统一致　　　　　D. 以上都正确

5. 下列工资项目中属于增项的是（　　　）。

A. 基本工资　　　　　B. 应发合计　　　　　C. 津贴　　　　　　　D. 请假扣款

6. 如果企业采用银行代发工资的方式，需要设置（　　　）。

A. 银行地址　　　　　B. 银行名称　　　　　C. 职工账号　　　　　D. 账号长度

7. 下列叙述正确的是（　　　）。

A. 一般单位的薪资管理都采用单类别工资管理

B. 一般单位的薪资管理都采用多类别薪资管理

C. 一般单位在发放工资时都采用扣零设置

D. 一般单位在发放工资时都不采用扣零设置

8. 下列叙述正确的是（　　　）。

A. 每个月都需要进行薪资管理系统的月末结转

B. 若为处理多个工资类别，则应打开工资类别，分别进行月末结账

C. 若本月工资数据未汇总，系统将不允许进行月末结账

D. 月末处理功能只有账套主管才能执行

9. 为了方便用户录入和查询工资数据，系统提供的便利功能有（　　　）。

A. 筛选　　　　　　　B. 定位　　　　　　　C. 替换　　　　　　　D. 排序

10. 薪资管理的基本内容有（　　　）。

A. 工资计算　　　　　B. 工资汇总　　　　　C. 工资分摊　　　　　D. 个人所得税计算

三、判断题

1. 薪资管理定义公式时，要注意先后顺序，先得到的数据应先设置公式。（　　　）

2. 系统提供的固定工资项目不能进行修改、删除。（　　　）

3. 薪资管理系统建账完成后，所有建账参数均不能修改。（　　　）

4. 系统对工资分摊的结果可以自动生成凭证并传递到总账系统。（　　　）

5. 薪资管理系统主要与总账系统、成本核算系统存在数据传递关系。（　　　）

6. 薪资业务处理完毕后，需要经过记账处理才能生成各种薪资报表。（　　　）

7. 在薪资管理系统中，人员附加信息可以随时修改、删除。（　　　）

8. 汇总工资类别不需要进行月末处理。（　　　）

M1-6 参考答案

项目七

固定资产管理

一、单项选择题

1. 下列固定资产卡片能被直接删除的是（   ）。

A. 已作过凭证的卡片

B. 2019 年 6 月发现本月录入的有错误的固定资产卡片，但已作过变动单

C. 2019 年 6 月发现 2019 年 5 月录入的有错误的固定资产卡片

D. 2019 年 6 月发现本月录入的有错误的固定资产卡片

2. 在固定资产系统中，每月（   ）计提本月折旧操作。

A. 只能做一次　　　　　　　　　　　　　B. 只能做两次

C. 可以在选项中控制计提折旧次数　　　　D. 无限制

3. 在固定资产卡片录入中，下列（   ）项目是自动给出的，不能更改。

A. 录入人　　　　　B. 固定资产名称　　　　C. 存放地点　　　　D. 对应折旧科目

4. 初次使用固定资产系统，发生固定资产减少业务，应在（   ）作处理。

A. 录入原始卡片后　　　　　　　　　　　B. 录入工作量后

C. 计提折旧后　　　　　　　　　　　　　D. 固定资产增加业务发生后

5. 固定资产系统默认的折旧分配周期为（   ）。

A. 1 个月　　　　　B. 1 个季度　　　　C. 半年　　　　　D. 1 年

6. 固定资产折旧方法改变后，本月（   ）。

A. 暂停折旧，下月再按新折旧方法计提

B. 按原折旧方法计提折旧，下月再按新折旧方法计提折旧

C. 按新折旧方法计提折旧

D. 仍按原折旧方法计提折旧

7. 固定资产系统生成的凭证（   ）进行调整。

A. 只能在固定资产系统　　　　　　　　　B. 只能在总账系统

C. 在固定资产系统和总账系统都可以　　　D. 在固定资产系统和总账系统都不可以

8. 固定资产原始卡片录入属于（   ）内容。

A. 期末处理　　　　B. 日常处理　　　　C. 基础设置　　　　D. 初始设置

二、多项选择题

1. 固定资产管理系统作用有（   ）。

A. 生成固定资产卡片

B. 自动计提折旧

C. 反映固定资产增加、减少、原值变化及其他变动

D. 完成企业固定资产日常业务的核算和管理

2. 固定资产管理的选项功能中,( )属于不可修改信息。

A. 主要折旧方法　　　　　　　　　　　　B. 是否计提折旧

C. 开始使用时间　　　　　　　　　　　　D. 资产编号自动编码方式

3. 下列哪些固定资产卡片能通过"原始卡片录入"功能录入系统( )。

A. 开始使用日期为 2019-1-1,录入时间为 2018-12-10

B. 开始使用日期为 2019-1-1,录入时间为 2019-1-10

C. 开始使用日期为 2019-1-1,录入时间为 2016-12-10

D. 开始使用日期为 2019-1-1,录入时间为 2019-1-22

4. 固定资产系统中,通过卡片管理可以完成的功能有( )。

A. 查看卡片快捷信息　　　　　　　　　　B. 查看卡片

C. 自定义查询表　　　　　　　　　　　　D. 凭证查询

5. 如果在选项的对账设置了"立即制单",在( )完成后,系统会直接自动调出有一部分内容缺省的不完全记账凭证。

A. 资产增加　　　B. 原值变动　　　C. 累计折旧调整　　　D. 资产减少

6. 系统不允许结账,可能原因有( )。

A. 有两项固定资产增加未制单　　　　　　　　B. 本月未计提折旧

C. 提取本月折旧后,又改变了某项固定资产的折旧方法　　　D. 对账不平

7. 在定义固定资产类别时,下列哪些项目不能为空( )。

A. 类别编码　　　B. 计量单位　　　C. 名称　　　D. 计提属性

8. 要将有关数据通过记账凭证的形式传输到总账系统的事项有( )。

A. 增加资产　　　B. 计提折旧　　　C. 部门转移　　　D. 使用年限变动

三、判断题

1. 计提折旧之后又改变了某一固定资产折旧方法,必须重新计提折旧,否则无法结账。( )

2. 对于固定资产系统传递到总账中的凭证,若发现凭证有错误,则在总账中可通过凭证修改功能进行修改。( )

3. 首次使用固定资产管理系统时,应选择对账套进行初始化。( )

4. 固定资产原始卡片的录入任何时候都可以进行。( )

5. 已制作凭证的固定资产卡片不能被删除。( )

6. 本月录入的卡片和本月增加的资产不能进行变动处理,如需变动,可直接修改卡片。( )

7. 在进行资产评估时,如果对多栋房屋的原值进行调整,有的增加一倍,有的减少一半,在选择要评估的资产时,可以采用手工选择方式,也可以采用条件选择方式。( )

8. 固定资产系统允许在同一会计期间内多次计提折旧,每次计提折旧后,只是将计提的折旧累加到月初的累计折旧,不会重复累计。( )

M1-7 参考答案

项目八

应收款管理

一、单项选择题

1. 关于启用应收款系统，以下说法正确的是（　　）。
A. 会计主管有权在应收系统中进系统启用设置
B. 系统管理员可以在应收系统中进行系统启用设置
C. 账套主管有权在企业门户中进行系统启用设置
D. 系统管理员有权在企业门户中进行系统启用设置

2. 如果在应收款系统中核算客户往来款项，则所有的客户往来凭证全部由（　　）生成，其他系统不再生成这类凭证。
A. 账务处理系统　　　B. 销售管理系统　　　C. 采购管理系统　　　D. 应收款管理系统

3. 在应收款系统中，（　　）用来记录发生销售退货业务时企业开具的退付给客户的款项。
A. 应付单　　　　　B. 付款单　　　　　C. 收款单　　　　　D. 应收单

4. 在应收款系统中，坏账准备的计提方法如果是应收余额百分比法，则计提比率可以在（　　）修改。
A. 计提坏账准备时　　B. 初始设置　　　C. 坏账收回时　　　D. 计提坏账准备后

5. 其他应收单的（　　）是在填制完成并按保存按钮后由系统自动生成的。
A. 科目　　　　　　B. 单据编号　　　　C. 方向　　　　　D. 对应科目

6. 通过总账务系统核算应收款的方法之一是（　　）。
A. 通过总账科目核算　　　　　　B. 通过往来辅助核算
C. 通过账簿核算　　　　　　　　D. 通过报表核算

7. 下列系统与应收款管理系统没有直接联系的是（　　）。
A. 销售管理系统　　　B. 账务处理系统　　　C. 存货管理系统　　　D. 应付款管理系统

8. 在应收款系统的下列业务处理中，不需要编制记账凭证的是（　　）。
A. 收款或退款　　　B. 应收冲应付　　　C. 票据审核　　　D. 应收票据转让

二、多项选择题

1. 应收款系统主要处理的对象是（　　）。
A. 销售发票　　　　B. 应收单　　　　　C. 发货单　　　　　D. 收款单

2. 与应收款管理系统关系最密切的两个系统是（　　）。
A. 总账系统　　　　B. 销售管理系统　　　C. 采购管理系统　　　D. 库存管理系统

3. 应收款系统初始化必须录入期初数据，一般按照单据类型录入，一般有（　　）。
A. 付款凭证　　　　B. 销售发票　　　　C. 应收单　　　　　D. 预收单

4. 坏账处理的功能主要包括（　　）。
A. 计提坏账准备　　B. 坏账损失处理　　C. 坏账收回处理　　D. 坏账备查簿查询

5. 应收系统中转账与对冲业务包括有（　　　）。

A. 预收冲应收　　　　B. 应收冲应付　　　　C. 应收冲应收　　　　D. 应付冲应付

6. 应收款系统提供的分析功能一般有（　　　）。

A. 应收款账龄分析　　　　　　　　　　B. 应收账款的周转分析

C. 应收款的欠款分析　　　　　　　　　D. 坏账分析

7. 在应收款系统中需要编制记账凭证的主要业务有（　　　）。

A. 收款 / 退款　　　　B. 开销售发票　　　　C. 应收冲应付　　　　D. 应收票据转让

8. 应收款系统初始化的主要工作包括（　　　）。

A. 设置系统参数　　　B. 基础设置　　　　C. 客户档案设置　　　D. 初始数据的输入

三、判断题

1. 应收款核销方式只能选择按单据核销。（　　　）

2. 当年已经计提过坏账准备仍能修改坏账处理方式。（　　　）

3. 在设置存货档案时必须先到企业门户的基础档案中设置计量单位。（　　　）

4. 在日常业务处理之前，应设置本单位的开户银行，以便开具发票时列示本企业开户行信息。（　　　）

5. 在应收款系统中，手工核销及自动核销一次均可对多个客户进行核销处理。（　　　）

6. 当第一个会计期已经结账后，应收款系统的期初余额可以再修改。（　　　）

7. 在基本科目设置中输入的应收科目、预收科目，必须是已在总账系统中设为"客户往来"的会计科目并且受控于应收系统。（　　　）

8. 在应收系统中，系统默认的代垫费用类型为"其他应收单"。（　　　）

M1-8 参考答案

项目九

应付款管理

一、单项选择题

1. 在应付款系统中，关于制单日期，以下说法错误的是（　　）。

A. 制单日期系统默认为单据日期　　　　B. 制单日期应大于等于所选单据的最大日期

C. 制单日期应小于等于当前系统日期　　D. 制单日期系统默认为当前业务日期

2. 如果同时使用应付款管理与采购管理两个系统，则与采购有关的票据均应从（　　）中输入，应付款系统可以与之共享这些数据。

A. 账务处理系统　　　　　　　　　　　　B. 采购管理系统

C. 库存管理系统　　　　　　　　　　　　D. 应付款管理系统

3. 如果在应付款系统中核算供应商往来款项，则所有的供应商往来凭证全部由（　　）生成，其他系统不再生成这类凭证。

A. 账务处理系统　　　　　　　　　　　　B. 销售管理系统

C. 采购管理系统　　　　　　　　　　　　D. 应付款管理系统

4. 在应付款系统中采用"简单核算"应用方案，应付款系统具有（　　）功能。

A. 审核采购专用发票　　　　　　　　　　B. 查询往来明细账

C. 填制采购普通发票　　　　　　　　　　D. 填制采购专用发票

5. 在应付系统中，不需准备（　　）数据资料。

A. 存货档案　　　　B. 部门档案　　　　C. 供应商档案　　　　D. 客户档案

6. 在应付款系统的票据管理功能中，只要进行了（　　）操作，便不能再进行其他与票据相关的处理。

A. 票据计息　　　　B. 票据修改　　　　C. 票据结算　　　　D. 票据到期

7. 在应付款系统中，取消操作的类型不包括（　　）。

A. 取消转账　　　　B. 取消并账　　　　C. 取消核销　　　　D. 取消记账

二、多项选择题

1. 应付款管理系统处理的票据主要有（　　）。

A. 采购发票与应付单　　　　　　　　　　B. 应收票据

C. 付款单和退款单　　　　　　　　　　　D. 应付票据

2. 应付款管理系统的主要功能有（　　）。

A. 初始设置　　　　B. 单据处理　　　　C. 转账处理　　　　D. 凭证处理

3. 应付款系统初始设置的内容主要包括（　　）。

A. 账套参数与规则选项　　　　　　　　　B. 供应商档案

C. 基础设置　　　　　　　　　　　　　　D. 初始数据

4. 下列与应付款系统有数据联系的系统有（　　）。

A. 采购管理系统　　　B. 账务处理系统　　　C. 库存管理系统　　　D. 应收款管理系统

5. 如果没有使用采购管理系统，则在应付款系统输入的票据有（　　　）。

A. 采购发票　　　　　　B. 应付单　　　　　　C. 付款单和退款单　　D. 应付票据

6. 应付款系统日常处理业务包括（　　　）。

A. 单据处理　　　　　　B. 转账凭证　　　　　C. 初始设置　　　　　D. 凭证处理

7. 在应付款系统中，录入期初余额的单据类别主要包括（　　　）。

A. 销售专用发票　　　　B. 其他应付单　　　　C. 其他应收单　　　　D. 采购专用发票

三、判断题

1. 在应付款系统中，应付和预付科目必须是有"供应商"往来且受控于应收系统的科目。
（　　　）

2. 如果应付科目、预付科目按不同的供应商分别设置，则可在控制科目设置中设置。（　　　）

3. 如果没有使用采购系统，则所有票据都必须在应付款系统输入。（　　　）

4. 如果同时使用应付款与采购两个系统，则与采购有关的票据均应从应付款系统输入。
（　　　）

5. 应付款系统的统计分析主要包括账龄分析、付款分析、付款预测等功能。（　　　）

6. 所有的供应商往来凭证全部由应付款系统生成，其他系统不再生成这类凭证。（　　　）

7. 应付款系统与采购系统、账务系统有密切联系，但与应收款系统无关。（　　　）

8. 应付款系统主要处理采购发票、应付单、付款单、退款单、应收票据等单据。（　　　）

9. 应付款系统的启用期间必须等于账套的启用期间。（　　　）

M1-9 参考答案

模块二

单项技能实训

单项技能实训（一）

实训一　系统管理

【实训目的】

掌握用友 ERP-U8V10.1 软件财务管理系统中系统管理的相关内容，理解系统管理在整个财务管理系统中的作用及重要性，充分理解财务分工的意义。

【实训内容】

（1）建立账套。

（2）修改账套。

（3）增加角色。

（4）增加操作员。

（5）设置自动备份计划。

（6）输出和引入账套。

【实训资料】

一、建立账套

1. 账套相关信息

账套号：008；账套名称：中原科技有限公司；账套路径：采用系统默认路径；启用日期：2019 年 1 月 1 日；会计期间设置：01 月 01 日—12 月 31 日。

2. 单位信息

单位名称：中原科技有限公司；单位简称：中原公司；单位地址：郑州金水区 123 号；法定代表人：石泉。

3. 核算类型

企业记账本位币：人民币；企业类型：工业；行业性质：2007 新会计制度科目；账套主管：demo ；按行业预置一级会计科目。

4. 基础信息

在进行经济业务处理时，对存货、客户进行分类，供应商不分类，无外币核算。

5. 分类编码方案

科目编码级次：42222；部门编码级次：122；客户编码级次：223；存货编码级次：1223。

6. 数据精度

均为二位小数。

7. 系统启用

启用总账、薪资、固定资产、应收、应付子系统，启用时间：2019 年 01 月 01 日；启用人为 admin。

二、增加角色

为中原公司增加一个角色"总账会计"，使其"具有基本信息、总账、UFO 报表、薪资管理、固定资产管理、应收款管理、应付款管理的全部权限"。

三、增加操作员

增加以下操作员，其中张东和李娟的角色不详，先不定义角色。

编号	姓名	口令	所属部门	角色或权限
101	王川	1	财务部	账套主管
102	杨涛	2	财务部	总账会计
103	张东	3	财务部	基本信息的全部权限；总账、薪资管理和固定资产系统的全部权限
104	李娟	4	财务部	拥有总账系统出纳签字及出纳的全部权限
105	雷明	5	财务部	总账会计

四、修改账套

修改中原公司账套信息，使其供应商分类，设置外币核算。

五、设置自动备份计划

设置备份计划，让系统每月自动备份，数据存放于"F:\ 账套备份"文件夹中。

六、输出和引入账套

在"F:\"新建一个文件夹"初始账套"，存放中原公司备份输出的账套数据。在输出账套后删除该账套。稍后通过账套引入进行数据恢复。

实训二　基础档案设置

【实训目的】

掌握用友 ERP-U8V10.1 软件中有关基础档案设置的相关内容，理解基础档案设置在整个系统中的作用，理解基础档案设置的数据对日常业务处理的影响。

【实训内容】

设置基础档案，包括部门档案、职员档案、客户分类、供应商分类、客户档案、供应商档案、存货档案、付款条件、开户银行、结算方式、会计科目、凭证类别、外币及汇率等。

【实训资料】

一、引入账套数据

从"F:\初始账套"中引入做过系统管理的账套数据。

二、中原公司的部门设置

编号	名称	部门属性
1	行政部	管理
101	总务部	管理
102	财务部	财务
2	生产部	生产
201	一车间	生产
202	二车间	生产
3	销售部	销售
4	采购部	采购

三、中原公司的职员档案

职员编号	职员名称	性别	人员类别	所属部门	是否业务员	业务或费用部门
10101	王晶	女	正式工	总务部	是	总务部
10201	王川	男	正式工	财务部	是	财务部
10202	杨涛	男	正式工	财务部	是	财务部
10203	张东	男	正式工	财务部	是	财务部
10204	李娟	女	正式工	财务部	是	财务部
10205	雷明	男	正式工	财务部	是	财务部
20101	张军	男	正式工	一车间		
20102	王义	男	正式工	一车间		
20103	张杰	男	合同工	一车间		
20201	朱民	男	正式工	二车间		
20202	张研	女	合同工	二车间		
30101	陈笑	男	正式工	销售部	是	销售部
40101	李华	女	正式工	采购部	是	采购部

四、客户分类

中原公司客户按地区进行分类，客户的分类如下。

客户分类编码	客户分类名称
01	省外客户
02	省内客户

五、中原公司具体客户档案

编码	名称	简称	分类	税号	法人	开户银行	账号	付款条件
001	长虹公司	长虹	01	123456	邓红	工行北京分行	234567	02
002	万达公司	万达	01	345678	钟华	中行北京分行	456789	01
003	河南新达公司	新达	02	567890	周延	工行河南分行	678901	无
004	河南源泉公司	源泉	02	789012	岳虎	工行河南分行	890123	无

注：操作"九"后，再将"付款条件"补上。

六、供应商分类

中原公司供应商按地区进行分类，供应商的分类如下。

供应商分类编码	供应商分类名称
01	本地
02	外地

七、中原公司具体供应商档案

编号	名称	简称	分类	税号	开户银行	账号
001	海威公司	海威	01	111111111111	工行河南分行	13589
002	佳士公司	佳士	02	222222222222	工行保定分行	24680

八、存货设置

1. 存货分类

分类编码	分类名称
1	原材料
2	产成品

2. 计量单位信息

计量单位组	编码	1
	名称	自然单位组
	类别	无换算率
单位	101	千克
	102	台

3. 存货档案

存货编码	存货名称	税率 /%	计量单位	存货属性
101	甲材料	13	千克	外购、生产耗用
102	乙材料	13	千克	外购、生产耗用
103	丙材料	13	千克	外购、生产耗用
201	A 产品	13	台	外销、自制
202	B 产品	13	台	外销、自制

九、中原公司客户付款优惠条件

编码	信用天数	优惠天数 1	优惠率 1	优惠天数 2	优惠率 2
01	60	20	2	40	1
02	30	10	2	20	1

十、银行结算方式

中原公司与其他企业或个人的经济业务往来，银行结算方式如下。

编码	结算方式	票据管理
1	支票	
101	现金支票	√
102	转账支票	√
2	委托收款	
3	汇兑	
4	商业汇票	
5	其他结算方式	

十一、中原公司的开户银行信息

开户银行编码	开户银行名称	银行账号	暂封标识
001	中国工商银行河南分行郑州支行	123488128910	否

十二、凭证类别的设置

凭证类别为记账凭证。

十三、外币设置

币符	币名	折算方式	其他信息	汇率类型	记账汇率
USD	美元	直接	默认	固定汇率	1 月份：6.90

十四、会计科目

请按照下表，增加或修改中原公司会计科目。

单位：元

科目名称	计量单位 / 币别	辅助账
银行存款（1002）		
——工行存款（100201）		
——中行存款（100202）	美元	外币金额式账页
应收票据		客户往来
应收账款（1122）		客户往来

续表

科目名称	计量单位 / 币别	辅助账
其他应收款（1221）		个人往来
预付账款（1123）		供应商往来
原材料（1403）		
——甲材料（140301）	千克	
——乙材料（140302）	千克	
——丙材料（140303）	千克	
库存商品（1405）		
——A 产品（140501）	台	
——B 产品（140502）	台	
应付票据（2201）		供应商往来
应付账款（2202）		供应商往来
预收账款（2203）		客户往来
应交税费（2221）		
——应交增值税（222101）		
——进项税额（22210101）		
——已交税金（22210102）		
——减免税款（22210103）		
——出口抵减内销产品应纳税额（22210104）		
——转出未交增值税（22210105）		
——销项税额（22210106）		
——出口退税（22210107）		
——进项税额转出（22210108）		
——转出多交增值税（22210109）		
——未交增值税（222102）		
——应交所得税（222103）		
——应交城建税（222104）		
——应交教育费附加（222105）		
盈余公积（4101）		
——法定盈余公积（410101）		
利润分配（4104）		
——未分配利润（410415）		
生产成本（5001）		
——A 产品（500101）		
——B 产品（500102）		
制造费用（5101）		
——一车间（510101）		
——二车间（510102）		

科目名称	计量单位 / 币别	辅助账
——折旧费（510103）		
主营业务收入（6001）		
——A 产品（600101）	台	
——B 产品（600102）	台	
主营业务成本（6401）		
——A 产品（640101）	台	
——B 产品（640102）	台	
销售费用（6601）		
——广告费（660101）		
——折旧费（660102）		
——工资及福利费（660103）		
——其他费用（660109）		
管理费用（6602）		
——办公费（660201）		部门核算
——物料消耗（660202）		部门核算
——差旅费（660203）		部门核算
——折旧费（660204）		部门核算
——人员工资（660205）		部门核算
——工会经费（660206）		部门核算
——福利费（660207）		部门核算
——其他费用（660209）		部门核算
财务费用（6603）		
——利息费用（660301）		
——其他费用（660302）		

十五、指定现金和银行科目

科目名称	辅助核算
库存现金	日记账，现金科目
银行存款	日记账、银行账，银行科目

十六、单据设置

（1）单据格式设置：删除销售专用发票、销售普通发票表头项目"销售类型"。

（2）单据编号设置：修改销售专用发票、采购专用发票编号为"完全手工编号"。

十七、输出账套

在"F:\"新建一个文件夹"基础设置"，存放中原公司备份输出的账套数据。

实训三　总账系统初始设置

【实训目的】

掌握用友 ERP-U8V10.1 软件中总账系统初始设置的相关内容，理解总账系统初始设置的意义，掌握总账系统初始设置的操作方法。

【实训内容】

（1）总账系统控制参数设置。

（2）期初余额录入。

【实训要求】

以"王川"的身份进行初始设置。

【实训资料】

一、引入账套数据

从"F:\基础设置"引入上次备份的数据。

二、设置中原公司的总账系统参数

可以使用应付受控科目。不允许修改、作废他人填制的凭证；凭证审核控制到操作员；出纳凭证必须经由出纳签字；其余取默认设置。

三、期初余额

按照下表录入中原公司总账系统的期初余额。

单位：元

科目名称	计量单位/币别	数量/外币	单价	借方金额	贷方金额
库存现金（1001）				9000	
银行存款（1002）				204000	
——工行存款（100201）				126000	
——中行存款（100202）	美元	10000		78000	
应收账款（1122）				35600	
其他应收款（1221）				2000	
预付账款				30000	
佳士公司				30000	
原材料（1403）				87000	
——甲材料（140301）	千克	7000	10	70000	
——乙材料（140302）	千克	4025	4	16100	
——丙材料（140303）	千克	300	3	900	

科目名称	计量单位/币别	数量/外币	单价	借方金额	贷方金额
库存商品（1405）				158000	
——A产品（140501）	台	1000	158	158000	
固定资产（1601）				960000	
累计折旧（1602）					285300
短期借款（2001）					80000
应付账款（2202）					23900
预收账款					30000
应交税费（2221）					3000
——未交增值税（222102）					3000
实收资本（4001）					845000
资本公积（4002）					78400
盈余公积（4101）					120000
——法定盈余公积（410101）					120000
利润分配（4104）					20000
——未分配利润（410415）					20000
合　计				1485600	1485600

应收账款明细余额表　　　　单位：元

日期	凭证号	客户	摘要	方向	金额
2018-12-13	记10	长虹	销售A产品	借	35100.00
2018-12-14	记12	新达	代垫费用	借	500.00

预收账款明细余额表　　　　单位：元

日期	凭证号	客户	摘要	方向	金额
2018-10-13	记13	万达	预收货款	贷	30000.00

其他应收款明细余额表　　　　单位：元

日期	凭证号	人员	摘要	方向	金额
2018-10-13	记14	陈笑	预借差旅费	借	2000.00

应付账款余额表　　　　单位：元

日期	凭证号	供应商	摘要	方向	金额
2018-12-27	记24	海威	购买甲材料	贷	23400.00
2018-12-27	记25	海威	代垫费用	贷	500.00

预付账款余额表　　　　单位：元

日期	凭证号	供应商	摘要	方向	金额
2018-12-18	记23	佳士	预付货款	借	30000.00

四、输出账套

在"F:\"新建一个文件夹"总账系统初始化"，存放中原公司备份输出的账套数据。

实训四　总账系统日常业务处理

【实训目的】

掌握用友 ERP-U8V10.1 财务软件中总账系统日常业务处理的相关内容，熟悉总账系统日常业务处理的各种操作，掌握凭证管理、出纳管理和账簿管理的具体内容和操作方法。

【实训内容】

（1）凭证管理：填制凭证、审核凭证、凭证记账。
（2）出纳管理：银行对账等。
（3）账簿管理：总账、科目余额表、明细账、辅助账。

【实训要求】

（1）以"杨涛"的身份进行填制凭证、凭证查询操作。
（2）以"李娟"的身份进行出纳签字，库存现金、银行存款日记账和资金日报表的查询，支票登记操作。
（3）以"王川"的身份进行审核、记账、账簿查询操作。

【实训资料】

一、引入账套数据

从"F:\ 总账系统初始化"引入上次备份数据。

二、常用摘要设置

编号	名称
1	购买材料
2	报销差旅费
3	销售产品
4	计提固定资产折旧
5	结转本月制造费用
6	产品完工入库

三、设置常用凭证

设置"产品完工入库"常用凭证。假设本月生产的 A 产品 1000 件全部完工，结转其制造成本 135300 元。摘要：产品完工入库；凭证类别：记账凭证。

四、经济业务

根据中原公司 1 月份部分经济业务，填制会计凭证。

（1）5 日，收到国家投入资本 500000 元，存入银行。

（2）6 日，生产 A 产品领用甲材料 6000 千克，单位成本 10 元；乙材料 2000 千克，单位成本 4 元；生产一车间一般耗用乙材料 50 千克，单位成本 4 元；总务部领用丙材料 100 千克，单位成本 3 元。

（3）6 日，销售员陈笑出差回来，报销差旅费 1900 元，退回余款 100 元。

（4）8 日，从佳士公司购入甲材料 2000 千克，买价 19600 元（不含税），杂费 400 元，款项采用汇兑方式支付。

（5）8 日，接银行通知，偿还银行短期借款 50000 元。

（6）10 日，开出转账支票（支票号 0002385）支付欠海威公司购料款 23400 元。

（7）12 日，销售给长虹公司 A 产品 500 台，单位无税售价 1500 元，款项已收存银行。

（8）14 日，开出转账支票（支票号 0002386）支付产品广告费 1800 元。

（9）15 日，用现金支付办公用品费 500 元，其中生产一车间 100 元，财务部 150 元，总务部 50 元，市场部 200 元。

（10）25 日，开出转账支票（支票号 0002387）支付本月水电费 30000 元，其中：生产一车间 20000 元，财务部 2000 元，总务部 2000 元，销售部 6000 元。

（11）26 日，向希望工程捐款 50000 元。

（12）31 日，结转本月应付职工工资 60000 元，其中：生产 A 产品工人工资 30000 元，一车间管理人员工资 10000 元，财务部 7000 元，总务部 3000 元，市场部 10000 元。

（13）31 日，按工资总额的 14% 提取职工福利费 8400 元，其中：生产 A 产品工人 4200 元，车间管理人员 1400 元，财务部 980 元，总务部 420 元，市场部 1400 元。

（14）31 日，计提本月固定资产折旧 2000 元，其中生产车间 1400 元，财务部 200 元，总务部 150 元，市场部 250 元。

五、出纳签字

六、凭证审核

七、记账

八、查询已记账的凭证

九、冲销已记账的凭证

支付的广告费因支票填写错误被退回。

十、查询"6602 管理费用"总账

十一、查询"6602 管理费用"明细账

十二、查询"6602 管理费用"多栏账

十三、查询部门辅助账

十四、查询发生额及余额表

十五、月末进行银行对账

1. 录入银行对账期初数据

中原公司银行对账的启用日期为 2019/01/01，工行人民币企业日记账调整前余额为 129000，银行对账单调整前余额为 106000，未达账项两笔，系企业已收预付货款 20000 元，银行未收；银行已支付款 3000 元，企业未付。

2. 输入银行对账单

输入中原公司 1 月份的银行对账单数据，如下表所示。

中原公司 1 月份银行对账单　　　　　　　　单位：元

日期	结算方式	票号	借方金额	贷方金额
2019.01.05			500000.00	
2019.01.08	2			23332.00
2019.01.08				50000.00
2019.01.10	102	0002385		23400.00
2019.01.12			877500.00	
2019.01.14	102	0002386		1800.00
2019.01.25	102	0002387		30000.00
2019.01.26				50000.00
2019.01.30			30000（存款日记账没有记）	

3. 银行对账
4. 查询输出余额调节表

十六、账套备份

在 "F:\" 新建一个文件夹 "总账系统日常业务"，存放中原公司备份输出的账套数据。

实训五　应收款管理系统

【实训目的】

掌握用友 ERP-U8V10.1 软件中应收款管理系统的相关内容，理解应收款管理系统设置的意义，掌握应收款管理系统的操作方法。

【实训内容】

（1）应收款管理系统初始化设置。
（2）应收款管理系统日常业务处理。
（3）应收款管理系统期末处理。

【实训要求】

（1）以"王川"的身份进行初始化设置和期末处理。

（2）以"杨涛"的身份进行应收款系统日常业务的操作。

【实训资料】

一、引入账套数据

从"F:\固定资产管理系统"引入中原公司的账套备份数据。

二、应收款系统参数设置

账套参数	设置	账套参数	设置
应收款核销方式	按单据	应收账款核算类型	详细核算
单据审核日期依据	单据日期	受控科目制单方式	明细到客户
坏账处理方式	应收余额百分比法	非受控科目制单方式	汇总方式
代垫费用类型	其他应收单		

三、应收款系统初始设置

1. 基本科目设置

基本科目	科目
应收科目	1122 应收账款
预收科目	2203 预收账款
税金科目	22210102 应交税费——应交增值税（销项税额）
现金折扣科目	6603 财务费用
票据利息科目	6603 财务费用
票据费用科目	6603 财务费用

2. 结算方式科目设置

结算方式	会计科目
现金支票	100201
转账支票	100201
委托收款	100201
汇兑	100201
其他结算方式	100201

3. 坏账准备

提取比率为 0.5%，坏账准备期初余额为 0，坏账准备科目为"1231 坏账准备"，坏账准备对方科目为"6701 资产减值损失"。

4. 账龄区间

总天数分别为 30 天、60 天、90 天和 120 天。

四、录入应收款管理系统期初余额

应收账款明细余额表　　　　　　　　　　单位：元

日期	凭证号	客户	摘要	方向	金额
2018-12-13	记 10	长虹	销售 A 产品	借	35100.00
2018-12-14	记 12	新达	代垫费用	借	500.00

预收账款明细余额表　　　　　　　　　　单位：元

日期	凭证号	客户	摘要	方向	金额
2018-10-13	记 13	万达	预收货款	贷	30000.00

五、进行应收款日常业务处理

中原公司 2019 年 1 月份发生如下经济业务。

（1）1 月 2 日，向源泉公司售出 A 产品 50 台，不含税单价 1500 元，税率 13%，开出专用发票，发票号：ZY00488，货已发出。同时以现金代垫费用 1000 元，货税款尚未收到。

（2）1 月 4 日，向新达公司售出 A 产品 10 台，不含税单价 1600 元，税率 13%，开出专用发票，发票号：ZY00399，货已发出。同时以现金代垫费用 500 元，货税款尚未收到。

（3）1 月 7 日，收到新达公司交来转账支票一张，金额 30000 元，发票号 ZZ002，用以归还前欠货款及代垫费用，剩余款转为预收账款。

（4）1 月 9 日，长虹公司交来转账支票一张，金额 30000 元，发票号 ZZ003，作为预购 A 产品的定金。

（5）1 月 10 日，收到源泉公司交来两个月期限的银行承兑汇票一张，票号 YH5423，面值 84750 元，用以偿还本月 2 日该公司的购货款。

（6）1 月 11 日，用长虹公司交来的 30000 元定金冲抵其期初应收款项。

（7）1 月 25 日，确认本月 2 日为源泉公司代垫费用 1000 元作为坏账处理。

（8）1 月 31 日，计提坏账准备。

六、进行应收款系统期末处理

七、账套备份

在 "F:\" 新建一个文件夹 "应收款管理系统"，存放中原公司备份输出的账套数据。

实训六　应付款管理系统

【实训目的】

掌握用友 ERP-U8V10.1 软件中应付款管理系统的相关内容，理解应付款管理系统设置的意义，掌握应付款管理系统的操作方法。

【实训内容】

（1）应付款管理系统初始化设置。

（2）应付款管理系统日常业务处理。

（3）应付款管理系统期末处理。

【实训要求】

（1）以"王川"的身份进行初始化设置和期末处理。

（2）以"杨涛"的身份进行应付款系统日常业务的操作。

【实训资料】

一、引入账套数据

从"F:\ 应收款管理系统"引入中原公司的账套备份数据。

二、应付款系统参数设置

账套参数	设置	账套参数	设置
单据审核日期依据	单据日期	控制科目依据	按供应商
汇兑损益方式	月末处理	采购科目依据	按存货分类
应付款核算类型	详细核算	制单方式	月结前全部生成凭证
受控科目制单方式	明细到供应商	应付款核销方式	按单据
非受控科目制单方式	汇总方式		

三、应付款管理系统初始设置

1. 基本科目设置

基本科目	科目	基本科目	科目名称
应付科目	2202 应付账款	税金科目	22210101 应交税费——应交增值税（进项税额）
预付科目	1123 预付账款	现金折扣科目 票据利息科目	6603 财务费用 6603 财务费用
采购科目	1402 在途物资	票据费用科目	6603 财务费用

2. 结算方式科目设置

结算方式	会计科目
现金支票	100201
转账支票	100201
委托收款	100201
汇兑	100201
其他结算方式	100201

3. 账期内账龄区间

总天数分别为 30 天、60 天、90 天和 120 天。

四、录入应付款管理系统期初余额

应付账款余额表　　　　　　　　　　　　　　　　　　　单位：元

日期	凭证号	供应商	摘要	方向	金额
2018-12-27	记 24	海威	购买甲材料	贷	23400.00
2018-12-27	记 25	海威	代垫费用	贷	500.00

预付账款余额表　　　　　　　　　　　　　　　　　　　单位：元

日期	凭证号	供应商	摘要	方向	金额
2018-12-18	记 23	佳士	预付货款	借	30000.00

五、进行应付款日常业务处理

中原公司 2019 年 1 月份发生如下经济业务。

（1）1 月 9 日，供应部从佳士公司购入甲材料 2000 千克，不含税单价 10 元 / 千克，取得专用发票，票号 ZY09855，税率 13%，货税款暂欠，材料已验收库，同时，佳士公司为企业垫付运费 300 元。

（2）1 月 12 日，供应部从海威公司购入甲材料 3000 千克，不含税单价 9.5 元 / 千克，取得专用发票，票号 ZY09987，税率 13%，货税款暂欠，材料已验收库。

（3）1 月 15 日，签发转账支票一张，金额 23900 元，发票号 ZZ03511，用以归还期初海威公司货款。

（4）1 月 21 日，供应部支付海威公司银行承兑汇票一张，用于归还前欠货款，票号 YH3845，面值 32205 元，期限两个月。

（5）1 月 26 日，用预付佳士公司账款冲抵应付款项。

六、进行应付款系统期末处理

七、账套备份

在"F:\"新建一个文件夹"应付款管理系统"，存放中原公司备份输出的账套数据。

实训七　固定资产管理系统

【实训目的】

掌握用友 ERP-U8V10.1 软件中固定资产管理系统的相关内容，理解固定资产管理系统设置的意义，掌握固定资产管理系统的操作方法。

【实训内容】

（1）固定资产管理系统初始化设置。
（2）固定资产管理系统日常业务处理。
（3）固定资产管理系统期末处理。

【实训要求】

（1）以"王川"的身份进行初始化设置和期末处理。

（2）以"杨涛"的身份进行固定资产系统日常业务的操作。

【实训资料】

一、引入账套数据

从"F:\薪资管理系统"引入中原公司的账套备份数据。

二、对中原公司固定资产账套进行初始设置

控制参数	参数设置
约定与说明	我同意
启用月份	2019.01
折旧信息	本账套计提折旧；折旧方法：平均年限法；折旧汇总分配周期：1 个月，当（月初已计提月份 = 可使用月份 −1）时，将剩余折旧全部提足
编码方式	资产类别编码方式：2112；固定资产编码方式：按"类别编码 + 部门编码 + 序号"自动编码；卡片序号长度为 3
财务接口	与财务系统进行对账；固定资产对账科目：1601 固定资产；累计折旧对账科目：1602 累计折旧
补充参数	在对账不平情况下允许固定资产月末结账；月末结账前一定要完成制单登账业务；业务发生后立即制单；固定资产默认入账科目：1601，累计折旧默认入账科目：1602

三、基础设置

1. 资产类别

编码	类别名称	净残值率 /%	单位	计提属性
01	交通运输设备	4	辆	正常计提
011	生产用	4	辆	正常计提
012	非生产用	4	辆	正常计提
02	机器设备	5	台	正常计提
021	生产用	5	台	正常计提
022	非生产用	5	台	正常计提
03	房屋、建筑物	3	栋	正常计提
031	生产用	3	栋	正常计提
032	非生产用	3	栋	正常计提

2. 部门及对应折旧科目

部门	对应折旧科目
行政部、采购部	管理费用 / 折旧费
生产部	制造费用
销售部	销售费用

3.增减方式的对应入账科目

增减方式目录	对应入账科目
增加方式	
直接购入	100201，工行存款
在建工程转入	1604，在建工程
减少方式	
毁损	1606，固定资产清理

四、录入固定资产原始卡片

单位：元

固定资产名称	类别编号	所在部门	增加方式	可使用年限	开始使用日期	原值	累计折旧	对应折旧科目名称
办公楼	032	行政部、总务部、财务部、采购部	在建工程转入	30	2016.10.1	394500	120084.2	管理费用 / 折旧费
厂房	031	生产部	在建工程转入	30	2016.10.1	394500	120084.2	制造费用 / 折旧费
汽车	012	总务部	直接购入	6	2016.10.1	90000	30550	管理费用 / 折旧费
机床	021	一车间	直接购入	5	2017.11.1	72000	14664	制造费用 / 折旧费
计算机	022	财务部	直接购入	5	2017.11.1	3600	733.2	管理费用 / 折旧费
打印机	022	总务部	直接购入	5	2017.10.1	5400	1184.4	管理费用 / 折旧费

注：使用状况均为"在用"，折旧方法均采用平均年限法（一）

五、日常业务处理

中原公司 2019 年 1 月份固定资产管理发生业务如下。

（1）1 月 1 日，市场部购买汽车一辆，价值 200000 元，净残值率 4%，预计使用年限为 6 年。

（2）1 月 16 日，总务部的汽车添置新配件 8000 元。

（3）1 月 31 日，计提本月折旧费用。

（4）1 月 31 日，财务部毁损计算机一台。

六、查询已生成的固定资产凭证

七、期末与总账对账，并结账处理

八、查询相关账表

九、账套备份

在"F:\"新建一个文件夹"固定资产管理系统"，存放中原公司备份输出的账套数据。

实训八　薪资管理系统

【实训目的】

掌握用友 ERP-U8V10.1 软件中薪资管理系统的相关内容，理解薪资管理系统设置的意义，掌握薪资管理系统的操作方法。

【实训内容】

（1）薪资管理系统初始化设置。

（2）薪资管理系统日常业务处理。

（3）薪资管理系统期末处理。

【实训要求】

以"王川"的身份进行操作。

【实训资料】

一、引入账套数据

从"F:\ 总账系统期末处理"引入中原公司的账套备份数据。

二、建立中原公司工资套

（1）根据公司情况，选择多工资类别核算方案：工资核算本位币为"人民币"；核算计件工资；自动代扣个人所得税。

（2）为公司人员档案添加民族、身份证号两项附加信息。

（3）在公共信息中添加以下工资项目。

工资项目名称	类型	长度	小数	增减项
基本工资	数字	8	2	增项
奖金	数字	8	2	增项
交补	数字	8	2	增项
餐补	数字	8	2	增项
扣税基数	数字	8	2	其他
养老保险	数字	8	2	减项
医疗保险	数字	8	2	减项
住房公积金	数字	8	2	减项
事假天数	数字	8	1	其他
事假扣款	数字	8	2	减项
病假天数	数字	8	1	其他
病假扣款	数字	8	2	减项

三、新建正式工工资和临时工工资两大工资类别

四、正式工工资类别基础设置

（1）添加以下人员档案。

职员编号	职员名称	所属部门	人员类别	银行名称	银行代发账号
10101	王晶	总务部	正式工	工商银行	78945678900
10201	王川	财务部	正式工	工商银行	78945671200
10202	杨涛	财务部	正式工	工商银行	78945673400
10203	张东	财务部	正式工	工商银行	78945675600
10204	李娟	财务部	正式工	工商银行	78945677800
10205	雷明	财务部	正式工	工商银行	78945679000
20101	张军	一车间	正式工	工商银行	78945678981
20102	王义	一车间	正式工	工商银行	78945678978
20201	朱民	二车间	正式工	工商银行	78945678989
30101	陈笑	销售部	正式工	工商银行	78945678991
40101	李华	采购部	正式工	工商银行	78945678995

（2）把所有的工资项目添加到正式工工资类别中，并设置如下公式。

事假扣款 = 基本工资 /22×事假天数

病假扣款 = 基本工资 /44×病假天数

交补：销售人员 150 元，其他人员 50 元

住房公积金 =（基本工资 + 奖金）×0.12

养老保险 =（基本工资 + 奖金）×0.08

扣税基数 = 基本工资 + 奖金 + 交补 + 餐补 − 养老保险 − 住房公积金 − 事假扣款 − 病假扣款

五、临时工工资类别基础设置

（1）把张杰、张研批量增加至临时工工资类别，并选择用现金发放工资。

（2）选择奖金以外的工资项目加入临时工工资类别中，公式设置如下。

事假扣款 = 基本工资 /22×事假天数

病假扣款 = 基本工资 /44×病假天数

交补：销售人员 150 元，其他人员 50 元

住房公积金 = 基本工资 ×0.10

养老保险 = 基本工资 ×0.05

扣税基数 = 基本工资 + 交补 + 餐补 − 养老保险 − 住房公积金 − 事假扣款 − 病假扣款

六、正式工工资变动与分摊

（1）1 月 25 日输入当月正式工的工资数据。

单位：元

人员编号	姓名	基本工资	奖金	餐补	事假天数	病假天数
10101	王晶	7000	800	254	0	0
10201	王川	7500	1000	254	0	2
10202	杨涛	6000	1800	254	0	0
10203	张东	6300	1000	254	0	0
10204	李娟	6100	1000	254	2	0
10205	雷明	5700	1000	254	0	0
20101	张军	6400	1500	254	0	0
20102	王义	5800	2000	247	1	0
20201	朱民	6000	1200	254	0	0
30101	陈笑	5600	3600	254	0	1
40101	李华	5800	1800	233	0	0

（2）按照"扣税基数"计算个人所得税，基数为5000，计算并形成正式工扣缴个人所得税申报表。

（3）生成当月的正式工工资银行代发一览表。

（4）根据相关会计制度分摊正式工工资、福利费、工会经费费用，生成相关凭证。

七、临时工工资变动与分摊

（1）1月30日输入临时工工资数据。

单位：元

人员编号	姓名	基本工资	奖金	餐补	事假天数	病假天数
20103	张杰	4000		254	0	0
20202	张研	3800		254	0	0

（2）按照扣税基数计算个人所得税，形成个人所得税申报表。

（3）生成当月的临时工工资总额清单。

（4）根据相关会计制度分摊临时工工资、福利费、工会经费费用，生成相关凭证。

八、汇总整个单位所有工资类别

九、对所有的工资类别进行期末处理

十、账套备份

在"F:\"新建一个文件夹"薪资管理系统"，存放中原公司备份输出的账套数据。

实训九   总账管理系统期末处理

【实训目的】

掌握用友 ERP-U8V10.1 软件中总账系统月末处理的相关内容，熟悉总账系统月末处理业务的各种操作，掌握自动转账设置与生成、对账和月末结账的操作方法。

【实训内容】

（1）自动转账。
（2）对账。
（3）结账。

【实训要求】

（1）以"杨涛"的身份进行自动转账操作。
（2）以"王川"的身份进行对账、结账操作。

【实训资料】

一、引入账套数据

从"F:\总账日常业务"引入中原公司的账套备份数据。

二、定义转账凭证

（1）"自定义结转"设置
按短期借款期末余额的 0.5% 计提短期借款利息。
（2）"对应结转"设置
① 将"应交税费——应交增值税——进项税额"借方发生额转入"应交税费——未交增值税"。
② 将"应交税费——应交增值税——销项税额"贷方发生额转入"应交税费——未交增值税"。
（3）"销售成本结转"设置。
（4）"汇兑损益结转"设置：结转"中行存款"汇兑损益，调整汇率为 6.80。
（5）"期间损益结转"设置。

三、生成转账凭证

四、对账

五、结账

六、账套备份

在"F:\"新建一个文件夹"总账系统期末处理"，存放中原公司备份输出的账套数据。

实训十　UFO 报表管理

【实训目的】

（1）理解报表编制的原理及流程。

（2）掌握报表格式定义、公式定义的操作方法；掌握报表单元公式的设置方法。

（3）理解报表编制的原理及流程。

（4）掌握报表数据处理、表页管理及图表功能等操作。

（5）掌握如何利用报表模板生成一张报表。

【实训内容】

（1）自定义一张账户余额表。

（2）根据自定义的账户余额表进行报表数据处理、表页管理及图表功能操作。

（3）利用报表模板生成一张资产负债表。

【实训资料】

账户余额表

单位名称：　　　　　　　　　　年　　月　　日　　　　　　　　　　单位：元

账户名称	余额		账户名称	余额	
	期初余额	期末余额		期初余额	期末余额
库存现金			短期借款		
银行存款			应付票据		
应收账款			应交税费		
原材料			实收资本		
合计			合计		

制表人：

说明：单位名称和年、月、日应设为关键字。

单项技能实训（二）

实训一　系统管理

【实训目的】

掌握用友 ERP-U8V10.1 软件中有关财务管理系统中系统管理的相关内容，理解系统管理在整个财务管理系统中的作用及重要性，掌握新建、备份、修改账套以及设置财务分工的方法。

【实训内容】

（1）建立单位账套。

（2）增加操作员。

（3）进行财务分工。

（4）备份账套数据。

（5）账套数据引入。

（6）修改账套数据。

【实训要求】

（1）以系统管理员 Admin 的身份注册系统管理。

（2）设置操作员（把自己设置为账套主管）。

（3）建立账套并启用总账、应收款管理。

（4）进行财务分工。

（5）以账套主管身份登录系统管理，修改账套，在"存货分类"前面的"□"内打"√"，修改供应商类别编码"233"。

（6）在桌面建立文件夹"易科公司"，并将账套"101 郑州易科公司"备份至该文件夹。

（7）引入备份账套。

【实训资料】

一、建立新账套

1.账套信息

账套号：101；账套名称：郑州易科科技有限公司；采用默认账套路径；启用会计期：2019 年 5 月；会计期间设置：5 月 1 日至 12 月 31 日。

2. 单位信息

单位名称：郑州易科科技有限公司

单位简称：易科公司

单位地址：郑州市金水区百花路 113 号

法定代表人：王迅

邮编：450000

联系电话及传真：0371—65336365

税号：4101215665330833

3. 核算类型

该企业的记账本位币为人民币（RMB）；企业类型为工业；行业性质为 2007 新会计制度科目；账套主管为学生本人名字；按行业性质预置科目。

4. 基础信息

该企业有外币核算，进行经济业务处理时，需要对存货、客户、供应商进行分类。

5. 分类编码方案

科目编码级次：4222

收发类别：12

客户分类：223

供应商分类：223

存货分类：1223

其他：默认

6. 数据精度

该企业对存货数量、单价小数位定为 2。

二、财务分工

1. 001 本人姓名（口令：1）——账套主管

负责财务软件运行环境的建立以及各项初始设置工作；负责财务软件的日常运行管理工作，监督并保证系统的有效、安全、正常运行；负责总账系统的凭证审核、记账、账簿查询、月末结账工作；负责报表管理及其财务分析工作。

具有系统所有模块的全部权限。

2. 002 张宁（口令：2）——出纳

负责现金、银行账管理工作。

具有基本信息、"总账——凭证——出纳签字"权限，具有"总账——出纳"的全部操作权限。

3. 003 李明（口令：3）——会计

具有总账系统除出纳管理、出纳签字以外的所有权限；应收款和应付款管理，固定资产、薪资管理所有权限。

实训二 基础档案设置

【实训目的】

掌握用友 ERP-U8V10.1 软件基础档案设置的方法，了解企业的业务构架，掌握编码方法，能熟练设置部门、人员、客户和供应商档案。

【实训内容】

（1）设置部门档案。

（2）设置人员类别、人员档案。

（3）进行地区分类。

（4）设置客户分类、客户档案。

（5）设置供应商分类、供应商档案。

（6）存货信息设置。

（7）单据格式设置。

【实训要求】

以 001 账套主管身份登录进行基础档案设置。

【实训资料】

一、设置部门档案

部门编码	部门名称	部门属性
1	管理中心	管理部门
101	总经理办公室	综合管理
102	财务部	财务管理
2	供销中心	供销管理
201	销售部	市场销售
202	采购部	采购供应
203	仓储部	库存管理
3	制造中心	生产部门
301	一车间	生产制造
302	二车间	生产制造

二、人员类别和人员档案

1. 人员类别

二级分类编号	分类名称
101001	企业管理人员
101002	经营人员
101003	车间管理人员
101004	生产人员

2. 人员档案

编号	姓名	性别	部门	雇佣状态	人员类别	是否业务员	业务或费用部门
1	王迅	男	总经理办公室	在职	企业管理人员	是	总经理办公室
2	本人	男	财务部	在职	企业管理人员	是	财务部
3	张宁	女	财务部	在职	企业管理人员	是	财务部
4	李明	女	财务部	在职	企业管理人员	是	财务部
5	赵洋	女	销售部	在职	经营人员	是	销售部
6	孙健	男	销售部	在职	经营人员	是	销售部
7	白雪	女	采购部	在职	经营人员	是	采购部
8	王曼	男	采购部	在职	经营人员	是	采购部
9	叶茂	男	仓储部	在职	经营人员	是	仓储部
10	王龙	男	一车间	在职	车间管理人员	否	
11	任凯	男	一车间	在职	生产人员	否	
12	刘伟	男	二车间	在职	车间管理人员	否	
13	张丹	男	二车间	在职	生产人员	否	

三、地区分类

地区分类编码	分类名称
01	东北地区
02	华北地区
03	华东地区
04	华南地区
05	西北地区
06	西南地区

四、客户分类和客户档案

1. 客户分类

分类编码	分类名称
01	批发
02	零售
03	代销
04	专柜

2. 客户档案

客户编号	客户名称/简称	所属分类码	所属地区	税号	地址	邮编	扣率	分管部门	分管业务员
001	华亿公司	01	02	4568526123	北京市海淀区知春路1号	100077	5	销售部	赵洋
002	荣和商贸公司	01	02	7532148963	石家庄滨海新区中州路1号	300310		销售部	赵洋
003	大通公司	04	03	5654561329	上海市浦东新区南华路8号	200030		销售部	孙健
004	新田公司	03	01	5894678126	长春市平房区和平路116号	150008	10	销售部	孙健

五、供应商分类和供应商档案

1. 供应商分类

分类编码	分类名称
01	原料供应商
02	成品供应商

2. 供应商档案

编号	供应商名称	所属分类码	所属地区	税号	开户银行	账号	地址	邮编	分管部门	分管业务员
001	兴达公司	01	02	73839874109	中行	48723367	北京市朝阳区学院路8号	100036	采购部	白雪
002	建华公司	01	02	32465854131	中行	76473293	北京市朝阳北辰路108号	100036	采购部	白雪
003	亚洲商行	02	03	95431327464	工行	55561278	南京市健康路101号	230187	采购部	王曼
004	高德公司	02	03	78526565413	工行	85115076	上海市徐汇区明珠路3号	200231	采购部	王曼

六、存货信息设置

1. 存货分类

存货分类编码	存货分类名称	存货分类编码	存货分类名称
1	原材料	2	产成品
101	主机	201	计算机
10101	芯片	3	配套用品
10102	硬盘	301	配套材料
102	显示器	302	配套硬件
103	键盘	30201	打印机
104	鼠标	30202	传真机
9	应税劳务	303	配套软件

2. 计量单位组

计量单位组编号	计量单位组名称	计量单位组类别
01	无换算关系	无换算率

3. 计量单位

计量单位编号	计量单位名称	所属计量单位组名称
01	盒	无换算关系
02	台	无换算关系
03	只	无换算关系
04	千米	无换算关系

4. 存货档案

存货编号	存货名称	所属类别	计量单位	属性	税率 /%
001	PIII 芯片	芯片	盒	外购、生产耗用、外销	13
002	160GB 硬盘	硬盘	盒	外购、生产耗用、外销	13
003	21 英寸显示器	显示器	台	外购、生产耗用、外销	13
004	键盘	键盘	只	外购、生产耗用、外销	13
005	鼠标	鼠标	只	外购、生产耗用、外销	13
006	计算机	计算机	台	自制、内销、外销	13
007	1600K 打印机	打印机	台	外购、内销、外销	13
008	运输费	应税劳务	千米	外购、应税劳务、外销	9

七、单据格式设置

删除销售专用发票、销售普通发票表头项目"销售类型"。

实训三 总账系统初始设置

【实训目的】

理解并掌握总账系统初始设置的内容和方法，理解总账系统在整个财务管理系统中的核心作用，掌握账簿、财务信息的设置方法，理解数据权限的分配，学会录入期初余额并试算平衡。

【实训内容】

（1）账簿选项设置。

（2）外币设置。

（3）设置会计科目。

（4）指定现金总账和银行总账科目。

（5）设置凭证类别。

（6）设置结算方式、银行账户及付款条件。

（7）录入期初余额并试算平衡。

【实训要求】

（1）以 001 账套主管的身份登录总账系统进行账簿选项、财务信息的初始设置。

（2）所有财务信息初始设置完毕后，最后进行期初余额登记和试算平衡。

【实训资料】

一、账簿选项设置

选项卡	参数设置
凭证	制单序时控制 支票控制 赤字控制：资金及往来科目，赤字控制方式：提示 可以使用应收款、应付款、存货受控科目 取消"现金流量科目必录现金流量项目"选项 凭证编号方式采用系统编号
账簿	账簿打印位数按软件的标准设定 明细账打印按年排页
凭证打印	打印凭证页脚姓名
预算控制	超出预算允许保存
权限	出纳凭证必须经由出纳签字 允许修改、作废他人填制的凭证 可查询他人凭证 明细账查询权限控制到科目
会计日历	会计日历为 1 月 1 日—12 月 31 日 数量小数位和单价小数位设置为 2 位
其他	外币核算采用固定汇率 部门、个人、项目按编码方式排序

二、外币设置

币符：USD；币名：美元；固定汇率（期初）：1∶6.7854。

三、总账科目期初数据

单位：元

科目代码	科目名称	方向	辅助核算	币别计量	期初余额
1001	库存现金	借	日记		6875.70
1002	银行存款	借	银行日记		511057.16
100201	工行存款	借	银行日记		511057.16
100202	中行存款	借	银行日记	人民币	0.00
				美元	0.00
1122	应收账款	借	客户往来		157600.00
1123	预付账款	借	供应商往来		

续表

科目代码	科目名称	方向	辅助核算	币别计量	期初余额
1221	其他应收款	借			3800.00
122101	应收单位款	借	客户往来		
122102	应收个人款	借	个人往来		3800.00
1231	坏账准备	贷			10000.00
1401	材料采购	借			-80000.00
1402	在途物资	借			0
1403	原材料	借			1004000.00
1404	材料成本差异	借			1000.00
1405	库存商品	借			2554000.00
1411	周转材料	借			642.00
1601	固定资产	借			260860.00
1602	累计折旧	贷			47120.91
1604	在建工程	借	项目核算		0
160401	人工费	借	项目核算		0
160402	材料费	借	项目核算		0
160403	其他	借	项目核算		0
1901	待处理财产损溢	借			0
190101	待处理流动资产损溢	借			
190102	待处理固定资产损溢	借			
1701	无形资产	借			58500.00
2001	短期借款	贷			200000.00
2202	应付账款	贷	供应商往来		276850.00
2203	预收账款	贷	客户往来		0
2211	应付职工薪酬	贷			8200.00
221101	工资	贷			8200.00
221102	职工福利	贷			
221103	社会保险	贷			0
221104	住房公积金	贷			0
221105	工会经费	贷			0
221106	职工教育经费	贷			0
2221	应交税费	贷			125621.70
222101	应交增值税	贷			-16800.00
22210101	进项税额	借			33800.00
22210102	已交税金	贷			0
22210103	转出未交增值税	贷			0
22210105	销项税额	贷			17000.00
22210107	进项税额转出	贷			0

续表

科目代码	科目名称	方向	辅助核算	币别计量	期初余额
22210109	转出多交增值税	贷			0
2241	其他应付款	贷			2100.00
4001	实收资本	贷			1707887.00
4103	本年利润	贷			1478000.00
4104	利润分配	贷			−119022.31
410415	未分配利润	贷			−119022.31
5101	制造费用	借			0
510101	工资	借			0
510102	折旧费	借			0
6001	主营业务收入	贷			0
6051	其他业务收入	贷			0
6401	主营业务成本	借			0
6402	其他业务成本	借			0
6403	税金及附加	借			0
6601	销售费用	借			0
660101	工资	借			0
660102	折旧费	借			
6602	管理费用	借			0
660201	薪资	借	部门核算		0
660202	福利费	借	部门核算		0
660203	办公费	借	部门核算		0
660204	差旅费	借	部门核算		0
660205	招待费	借	部门核算		0
660206	折旧费	借	部门核算		
660207	其他	借	部门核算		
6603	财务费用	借			0
660301	利息支出	借			0
660302	汇兑损益	借			

四、辅助账项期初余额表

会计科目：122102 其他应收款——应收个人款，余额：借 3800 元。

单位：元

日期	凭证号	部门	个人	摘要	方向	期初余额
2019-04-26	付-118	总经理办公室	王迅	出差借款	借	2000.00
2019-04-27	付-156	销售部	孙健	出差借款	借	1800.00

会计科目：1122 应收账款，余额：借 157600 元。

单位：元

日期	凭证号	客户	摘要	方向	余额	业务员	票号	票据日期
2019-02-25	转-118	华亿公司	销售商品	借	99600.00	孙健	P111	2019-02-25
2019-03-10	转-15	荣和商贸公司	销售商品	借	58000.00	孙健	Z111	2019-03-10

会计科目：2202 应付账款，余额：借 276850 元。

单位：元

日期	凭证号	客户	摘要	方向	余额	业务员	票号	票据日期
2019-01-20	转-45	兴达公司	购买原材料	贷	276850.00	王曼	C000	2019-01-20

五、凭证类别

凭证类别	限制类型	限制科目
收款凭证	借方必有	1001,100201,100202
付款凭证	贷方必有	1001,100201,100202
转账凭证	凭证必无	1001,100201,100202

六、结算方式

编码	结算方式	票据管理
1	现金结算	
2	支票结算	
201	现金支票	是
202	转账支票	是
3	汇票	
301	银行承兑汇票	
302	商业承兑汇票	
4	电汇	

七、银行账户

项目	内容
企业开户行编码	01
开户银行	中国工商银行郑州百花路支行
银行账号	1467 1000 2538
账户名	郑州易科科技有限公司
币种	人民币
所属银行	中国工商银行

八、付款条件

付款条件编码	信用天数	优惠天数 1	优惠率 1	优惠天数 2	优惠率 2
1	30	10	3	20	1
2	45	15	2	30	1

实训四　总账系统日常业务处理

【实训目的】

理解财务部门不同岗位分工权限及岗位互斥原则，掌握总账系统日常业务处理的基本流程和方法，熟练进行凭证的填制、签字、审核、记账以及期末业务处理。

【实训内容】

（1）凭证的填制、签字、审核和记账。

（2）银行对账。

（3）期末转账定义。

（4）转账生成、审核与记账。

（5）对账与结账。

（6）取消结账与记账。

【实训要求】

（1）以会计 003 李明的身份登录总账系统填制凭证，进行期末转账生成并记账。

（2）以出纳 002 张宁的身份进行出纳签字、银行对账。

（3）以账套主管 001 本人的身份进行凭证审核、期末对账与结账，并依次进行取消结账与反记账。

【实训资料】

一、凭证管理

（1）2 日，财务部张宁购买了 200 元的办公用品，以现金支付，附单据一张。

（2）3 日，财务部张宁从工行提取现金 10000 元，作为备用金，现金支票号 XJ001。

（3）5 日，收到兴华集团投资资金 10000 美元，汇率 1∶6.7854，转账支票号 ZZW001。

（4）8 日，采购部白雪采购原纸 10 吨，每吨 5000 元，税率 13%，取得增值税专用发票，材料直接入库，货款以银行存款支付，转账支票号 ZZR001。

（5）16 日，总经理办公室支付业务招待费 1200 元，转账支票号 ZZR003。

（6）18 日，总经理办公室王迅出差归来，报销差旅费 1800 元，交回现金 200 元，票据号 CL023。

（7）20 日，一车间领用原材料 25000 元，用于生产商品。

二、银行期初对账

（1）易科公司银行账的启用日期为 2019-05-01。

（2）工行人民币户企业日记账调整前余额为 511057.16 元，银行对账单调整前余额为 533829.16 元，未达账项一笔，系 4 月 30 日银行已收企业未收款 22772 元，票据号 ZZW003。

三、银行对账单

单位：元

日期	结算方式	票号	借方金额	贷方金额
2019-05-03	201	XJ001		10000
2019-05-06	202	ZZW001	67854	
2019-05-10	202	ZZR001		56500

四、期末转账

（1）汇兑损益结转定义

汇兑损益入账科目：660302　财务费用——汇兑损益

对于中行存款美元户计算汇兑损益，期末汇率为 1：6.9255

（2）期间损益结转定义

本年利润科目：4103　本年利润

实训五　会计报表

【实训目的】

掌握利用模板生成资产负债表、利润表的方法，能够编制自定义报表、嵌入公式并生成数据。

【实训内容】

（1）生成资产负债表、利润表。

（2）自定义报表格式。

（3）定义单元格公式。

（4）保存为模板并生成数据。

（5）数据备份。

【实训要求】

以 001 账套主管的身份登录报表进行操作。

【实训资料】

一、生成资产负债表、利润表

利用报表模板生成资产负债表、利润表，并命名为 zzyk 资产负债表、zzyk 利润表。

二、编制自定义报表

货币资金表

编制单位：　　　　　　　　　　年　　月　　日

项目	行次	期初数	期末数
库存现金	1		
银行存款	2		
合计	3		

本表是固定表，固定表是指表的行数和列数是固定的，在这类表中，表的总单元数不变，也称为不含可变区的表。

表文件名：zzykzjb.rep；标题：货币资金表；关键字：编制单位和日期中的年、月、日设置为关键字；期初数和期末数下的项目设置为公式单元；从总账系统取数，生成本月份的货币资金表。

实训六　薪资管理

【实训目的】

掌握工资管理系统初始设置及日常业务处理的操作方法，掌握工资分摊及月末处理的操作方法。

【实训内容】

（1）登录系统管理启用"薪资管理"系统，启用日期：2019 年 5 月 1 日。

（2）建立工资账套。

（3）录入基础数据。

（4）进行工资变动。

（5）代扣个人所得税。

（6）工资分摊。

（7）月末处理。

【实训要求】

（1）使用 admin 登录系统管理进行"薪资管理"系统启用。

（2）以 003 会计李明的身份登录薪资管理系统进行操作并生成凭证。

（3）以 001 账套主管的身份登录总账系统审核。

（4）以 003 会计李明的身份登录总账系统对生成的凭证记账。

【实训资料】

一、建立工资账套

工资类别个数：单个；核算币种：人民币 RMB；要求代扣个人所得税；不进行扣零处

理；人员编码长度：3 位；启用日期：2019 年 05 月。

二、录入基础数据

1. 工资项目设置

工资项目表

项目名称	类型	长度	小数位数	工资增减项
基本工资	数字	8	2	增项
奖励工资	数字	8	2	增项
交补	数字	8	2	增项
应发合计	数字	10	2	增项
请假扣款	数字	8	2	减项
养老保险金	数字	8	2	减项
医疗保险	数字	8	2	减项
失业保险	数字	8	2	减项
住房公积金	数字	8	2	减项
扣款合计	数字	10	2	减项
实发合计	数字	10	2	增项
工资代扣税	数字	10	2	减项
请假天数	数字	8	2	其他

2. 人员档案设置

单位：元

职员编号	职员姓名	部门名称	人员类别	账号	基本工资	奖励工资
001	王迅	总经理办	企业管理人员	200908001	12000.00	5000.00
002	本人	财务部	企业管理人员	200908002	8000.00	3300.00
003	张宁	财务部	企业管理人员	200908003	7000.00	1800.00
004	李明	财务部	企业管理人员	200908004	5500.00	500.00
005	赵洋	销售部	经营人员	200908005	9000.00	3300.00
006	孙健	销售部	经营人员	200908006	7000.00	2200.00
007	白雪	采购部	经营人员	200908007	7500.00	1450.00
008	王曼	采购部	经营人员	200908008	6000.00	1300.00
009	叶茂	仓储部	经营人员	200908009	5000.00	1200.00
010	王龙	一车间	车间管理人员	200908010	7500.00	1450.00
011	任凯	一车间	生产人员	200908011	5000.00	1200.00
012	刘伟	二车间	车间管理人员	200908012	7000.00	1300.00
013	张丹	二车间	生产人员	200908013	5000.00	1280.00

工资卡银行名称为中国工商银行。

3. 工资项目公式设置

工资项目：基本工资、奖励工资、交补、应发合计、请假扣款、养老保险金、失业保险、医疗保险、住房公积金、扣款合计、实发合计、工资代扣税、请假天数。

计算公式：

公式项目	公式
请假扣款	请假天数 ×100
养老保险金	（基本工资 + 奖励工资）×0.08
交补	企业管理人员 600，车间管理人员 800，车间生产人员 300，经营人员 500
医疗保险	（基本工资 + 奖励工资）×0.02
失业保险	（基本工资 + 奖励工资）×0.01
住房公积金	（基本工资 + 奖励工资）×0.12

三、工资变动

考勤情况：赵洋请假 2 天；白雪请假 1 天。

人员调动情况：因需要，决定招聘李立（编号 014）到采购部担任经营人员，以补充力量，其基本工资 5000 元，无奖励工资，代发工资银行账号：20090080011。

发放奖金：因去年销售部推广产品业绩较好，该部门每人增加奖励工资 900 元。

四、代扣个人所得税

所得项目：工资；对应工资项目：计税基数 5000 元。

五、工资分摊设置

工资分摊科目表

部门	人员类别	借方科目	贷方科目					
			工资总额	职工福利	工会经费	教育经费	养老保险金	住房公积金
			计税基数				两金基数	
总经理办公室、财务部	企业管理人员	660201	221101	221102	221105	221106	221103	221104
一车间	生产人员	500102	221101	221102	221105	221106	221103	221104
一车间	车间管理人员	510101	221101	221102	221105	221106	221103	221104
二车间	生产人员	500102	221101	221102	221105	221106	221103	221104
二车间	车间管理人员	510101	221101	221102	221105	221106	221103	221104
采购、仓储部	经营人员	660201	221101	221102	221105	221106	221103	221104
销售部	经营人员	660101	221101	221102	221105	221106	221103	221104

六、工资分摊

30 日，分配工资费用。

30 日，按应付工资的 14% 计提福利费、2% 计提工会经费、8% 计提教育经费、16% 计提养老保险金、12% 计提住房公积金。

实训七 固定资产管理

【实训目的】

掌握固定资产管理系统初始化设置、日常业务处理、月末处理的操作流程及操作方法。

【实训内容】

（1）启用"固定资产"管理系统，启用时间：2019年5月1日。

（2）固定资产系统初始化设置、录入原始卡片登录系统管理。

（3）固定资产日常业务操作。

（4）折旧计提、制单。

（5）与总账对账、办理月末结账。

【实训要求】

（1）使用admin登录系统管理进行"固定资产"系统启用。

（2）以003会计李明的身份登录固定资产管理系统进行操作并生成凭证。

（3）以001账套主管的身份登录总账系统审核凭证，以002出纳张宁的身份登录总账系统进行签字。

（4）以003会计李明的身份登录总账系统对生成的凭证记账，登录固定资产管理系统与总账系统对账和月末结账。

【实训资料】

一、固定资产管理系统初始化

1. 业务控制参数

按平均年限法（一）计提折旧，折旧分配周期为1个月，类别编码方式为2112，固定资产编码方式：按"类别编码＋部门编码＋序号"自动编码，卡片序号长度为3；要求与账务系统进行对账，固定资产对账科目：1601固定资产，累计折旧对账科目：1602累计折旧，在对账不平情况下允许月末结账，业务发生后要立即制单，月末结账前一定完成制单、登账工作；固定资产缺省入账科目：1601，累计折旧缺省入账科目：1602；当（月初已计提月份＝可使用月份－1）时，要求将剩余折旧全部提足。

2. 资产类别

编码	类别名称	净残值率	单位	计提属性	样式
01	交通运输设备	4		正常计提	含税卡片样式
011	经营用设备	4		正常计提	含税卡片样式
012	非经营用设备	4		正常计提	含税卡片样式
02	电子设备及其他通信设备	4		正常计提	含税卡片样式
021	经营用设备	4	台	正常计提	含税卡片样式
022	非经营用设备	4	台	正常计提	含税卡片样式

3. 部门及对应折旧科目

部门	对应折旧科目
管理中心、采购部、仓储部	管理费用——折旧费
销售部	销售费用——折旧费
制造中心	制造费用——折旧费

4. 增减方式的对应入账科目

增减方式目录	对应入账科目
增减方式	
直接购入	工行存款
捐赠	营业外收入
减少方式	
报废	固定资产清理
毁损	固定资产清理

5. 原始卡片

单位：元

固定资产名称	类别编号	所在部门	增加方式	可使用年限	开始使用日期	原值	累计折旧	对应折旧科目名称
轿车	012	总经理办公室	直接购入	6	2019.03.01	215470.00	37254.75	管理费用
笔记本电脑	022	总经理办公室	直接购入	5	2019.04.1	28900.00	5548.80	管理费用
传真机	022	总经理办公室	直接购入	5	2019.03.1	3510	1825.20	管理费用
微机	021	一车间	直接购入	5	2019.04.1	6490	1246.08	制造费用
微机	021	二车间	直接购入	5	2019.04.1	6490	1246.08	制造费用

注：净残值均为4%，使用状态均为"在用"，折旧方法均采用平均年限法（一）。

二、日常及期末业务

2019年5月份发生的业务如下。

（1）20日，财务部购买扫描仪一台，价值1500元，净残值率4%，预计使用6年。

（2）23日，总经理办公室使用的轿车需要进行大修，修改固定资产卡片，将使用状况"在用"修改为"大修理停用"。

（3）31日，月末计提本月固定资产折旧。

（4）31日，一车间毁损微机一台，没有清理收入和支出。

实训八　应收款管理

【实训目的】

能熟练进行应收款管理系统的初始化设置，进行单据处理，掌握收款单据的处理与核销，能进行坏账的处理，能够熟练进行月末结账与取消结账的处理。

【实训内容】

（1）应收款管理初始参数设置。

（2）会计科目设置。

（3）坏账准备、账期内账龄区间及报警级别设置。

（4）录入期初余额。

（5）日常业务处理。

（6）期末结账与取消结账。

【实训要求】

使用 003 会计李明的身份登录进行操作。

【实训资料】

一、应收款管理初始设置

应收款核销方式：按单据；坏账处理方式：应收余额百分比；其他参数为系统默认。

二、会计科目设置

1. 基本科目设置

项目	科目代码
应收科目	1122
预收科目	2203
销售收入科目	6001
税金科目	22210105

2. 结算方式科目设置

结算方式	科目代码
现金结算	1001
现金支票	100201
转账支票	100201

三、坏账准备、账期内账龄区间及警报级别设置

（1）坏账准备设置：提取比例 0.5%，期初余额 10000，科目 1231，对方科目 6701。

（2）账龄区间设置

序号	起止天数	总天数
01	00—30	30
02	31—60	60
03	61—90	90
04	91—120	120
05	121 以上	

（3）报警级别设置

序号	起止比率 /%	总比率 /%	级别名称
01	0 以上	10	A
02	10—30	30	B
03	30—50	50	C
04	50—100	100	D
05	100 以上		E

四、录入期初余额

会计科目：1122 应收账款，余额：借 157600 元，以应收单形式录入。

单位：元

日期	客户	方向	余额	业务员
2019-02-25	华亿公司	借	99600.00	孙健
2019-03-10	荣和商贸公司	借	58000.00	孙健

五、日常业务处理

（1）5 月 3 日，接到银行通知，收到荣和商贸公司电汇 3 月份货款 58000.00 元。

（2）5 月 7 日，向大通公司销售计算机 50 台，增值税税率 13%，不含税单价 7000 元，价税合计 395500 元，开出增值税专用发票（票号 24567890），货已发，款未收；代垫运费 5000 元，开出转账支票支付。

（3）5 月 19 日，将华亿公司 2 月 25 日形成应收账款 99600 元确认为坏账。

六、期末业务处理

对应收款管理系统进行月末结账，并取消结账。

实训九　应付款管理

【实训目的】

熟练进行应付款管理系统初始化设置，能进行应付单据处理，掌握应付单据的处理与核销，能熟练进行月末结账与取消结账处理。

【实训内容】

（1）应付款管理初始参数设置。

（2）会计科目设置。

（3）账期内账龄区间及报警级别设置。

（4）录入期初余额。

（5）日常业务处理。

（6）期末结账与取消结账。

【实训要求】

使用 003 会计李明的身份登录进行操作。

【实训资料】

一、应付款管理初始设置

应付款核销方式：按单据；其他参数为系统默认。

二、会计科目设置

1. 基本科目设置

项目	科目代码
应付科目	2202
预付科目	1123
采购科目	1401
采购税金科目	22210101

2. 结算方式科目设置

结算方式	科目代码
现金结算	1001
现金支票	100201
转账支票	100201

三、账期内账龄区间及警报级别设置

1. 账龄区间设置

序号	起止天数	总天数
01	00—30	30
02	31—60	60
03	61—90	90
04	91—120	120
05	121 以上	

2. 报警级别设置

序号	起止比率 /%	总比率 /%	级别名称
01	0 以上	10	A
02	10—30	30	B
03	30—50	50	C
04	50—100	100	D
05	100 以上		E

四、录入期初余额

会计科目：2202 应付账款，余额：借 276850 元。

日期	客户	方向	余额	业务员
2019-01-20	兴达公司	贷	276850.00	王曼

五、日常业务处理

（1）5 月 4 日，电汇支付兴达公司 1 月份货款 276850 元。

（2）5 月 21 日，收到增值税专用发票和运费发票各一张，从建华公司购买 160G 硬盘 100 盒，无税单价 800 元，材料已验收入库，运费 2000 元，由建华公司代垫，款未付。

六、期末业务处理

对应付款管理系统进行月末结账，并取消结账。

模块三

综合技能实训

综合技能实训（一）

本实训也可作为期末试卷（总分值：100分，考试时间：120分钟）；作为试卷时需要另外制作答题卡。

实训要求：

（1）依据设置及业务情况对电脑日期进行调整。

（2）首先将本 Word 文档复制到桌面，对其重新命名，命名规则：学号全称＋姓名＋专业班级（例如：2018002001 张三 18 会计 2 班）。

（3）按试题要求进行操作步骤截图，以截图的操作人员、操作日期和操作结果的正确性进行成绩考核。

提示：在需要截图的界面，按下键盘"PrintScreen\SysRq 🖵"，再在需要粘贴的空白处按下"CTRL+V"或右键"粘贴"，可将截图粘贴。

一、系统管理模块操作

1. 增加用户

编号	姓名	所属部门	所对应角色
001	自己姓名	财务部	账套主管
002	王明	财务部	总账会计
003	李晓	财务部	出纳

要求：以 ADMIN 身份登录"系统管理"，选择"权限—用户"按上列要求增加用户后，将"用户管理"的屏幕界面截图并粘贴于下方空白处。

2. 建立账套

账套名称："学号后两位＋专业班级＋姓名"

账套号："3+ 学号后两位"

账套启用日期：2019.4.01

简称：学号后两位＋姓名

企业类型：工业

行业性质：2007 年新会计制度科目

记账本位币：人民币（RMB），存货、客户、供应商都分类，有外币核算

分类编码方案如下。

科目编码级次：42222，部门编码：22，客户和供应商编码：223，结算方式：12，收发类别编码：12，存货分类编码：223，其他均采用系统默认编码方式。

数据核算时，小数精度均为 2 位。

其余略。

3. 为操作人员赋权

姓名	权限分工
自己姓名	具有系统所有模块的全部权限
王明	总账、固定资产管理、薪资管理三个模块的全部权限
李晓	具有"总账—凭证—出纳签字""总账—凭证—查询凭证""总账—出纳"的权限

要求：选择"权限—权限"按上表内容为操作员赋权，将"李晓"所对应权限的屏幕界面截图并粘贴于下方空白处。

二、录入基础档案

要求：以账套主管 001 登录"企业应用平台"进行基础信息设置，登录日期 2019.04.01。

1. 系统启用

系统编码	系统名称	启用会计期间	启用自然日期
GL	总账	2019-04	2019-04-01
FA	固定资产管理	2019-04	2019-04-01
WA	薪资管理	2019-04	2019-04-01

2. 增加部门

编号	所属部门
01	行政部
02	财务部
03	采购部
04	销售部

将"部门档案"的屏幕界面截图并粘贴于下方空白处。

3. 人员类别

将正式工分为管理人员和经营人员两类。

档案编码	档案名称
10101	管理人员
10202	经营人员

要求：按上表要求设置人员类别后单击"在职人员"，将其对应的"基础档案"的屏幕界面截图并粘贴于下方空白处。

4. 人员档案

人员编码	人员姓名	人员类别	行政部门	性别	是否业务员	是否操作员	对应操作员编码
101	赵磊	管理人员	行政部	男	是	否	
201	自己姓名	管理人员	财务部	根据自己情况填写	是	是	001
202	王明	管理人员	财务部	男	是	是	002
203	李晓	管理人员	财务部	女	是	是	003

要求：按上表要求设置人员档案后单击"部门分类"按钮，将显示所有人员信息的"人员列表"的屏幕界面截图并粘贴于下方空白处。

5. 设置供应商分类

供应商分类编码	供应商分类名称
01	工业企业
02	商业企业

要求：按上表要求设置供应商分类后，将"供应商分类"的屏幕界面截图并粘贴于下方空白处。

6. 设置供应商档案

供应商编号	供应商名称	供应商简称	所属分类
01	悦和股份	悦和	01
02	信安矿业	信安	01

要求：按上表要求设置供应商档案后单击"供应商分类"按钮，将"供应商档案"的屏幕界面截图并粘贴于下方空白处。

7. 设置客户分类

客户分类编码	客户分类名称
01	零售
02	批发

要求：按上表要求设置客户分类后，将"客户分类"的屏幕界面截图并粘贴于下方空白处。

8. 设置客户档案

客户编号	客户名称	客户简称	所属分类
01	东盛铝业	东盛	01
02	安家建材	安家	02

要求：按上表要求设置客户档案后，单击"客户分类"按钮，将"客户档案"的屏幕界面截图并粘贴于下方空白处。

三、总账初始化设置

要求：以账套主管 001 进行操作，登录日期 2019.04.01。

1. 总账参数设置

选项卡	参数设置
凭证	凭证制单时，采用序时控制； 可以使用应收受控科目、应付受控科目和存货受控科目； 取消"现金流量科目必录现金流量项目"选项； 自动填补凭证断号
账簿	默认设置
凭证打印	默认设置
预算控制	默认设置
权限	出纳凭证必须经由出纳签字；允许修改、作废他人填制的凭证；可查询他人的凭证
会计日历	数量小数位和单价小数位为 2 位
其他	部门、个人、项目按编码方式排序

要求：将"凭证"选项卡页面截图并粘贴于下方空白处。

2. 外币及汇率设置

币符：USD；币名：美元；固定汇率 1∶6.28。

执行"企业应用平台 / 设置选项卡 / 财务 / 外币设置"，按照上述内容进行外币及汇率设置。要求：将外币设置页面截图并粘贴于下方空白处。

3. 设置会计科目

打开"设置页签 / 财务 / 会计科目"，选择不预置会计科目，按下表要求设置会计科目，完成后单击"全部"按钮。（注意：如果出现提示信息"科目编码首位与分类编码不符，接受此编码吗？"单击"取消"按钮，并重新选择科目类型）

会计科目表

科目名称	科目类型	辅助核算类型	方向	备注
库存现金（1001）	资产	日记账	借	
银行存款（1002）	资产	日记账、银行账	借	
工行存款（100201）	资产	日记账、银行账	借	
中行存款（100202）	资产	日记账、银行账	借	外币核算：美元 账页格式：外币金额式
其他应收款（1221）	资产		借	
应收个人款（122101）	资产	个人往来	借	
固定资产（1601）	资产		借	
累计折旧（1602）	资产		贷	
固定资产减值准备（1603）	资产		借	
应付职工薪酬（2211）	负债		贷	
工资（221101）	负债		贷	
实收资本（4001）	权益		贷	
本年利润（4103）	权益		贷	
销售费用（6601）	损益	部门核算	支出	
工资（660101）	损益	部门核算	支出	

科目名称	科目类型	辅助核算类型	方向	备注
折旧费（660102）	损益	部门核算	支出	
其他（660199）	损益	部门核算	支出	
管理费用 6602	损益	部门核算	支出	
工资 660201	损益	部门核算	支出	
折旧费 660202	损益	部门核算	支出	
其他 660299	损益	部门核算	支出	
资产减值损失（6701）	损益		支出	

将"库存现金1001"科目指定为现金科目；将"银行存款1002"科目指定为银行科目。

要求：点击"全部"按钮，将所有会计科目对应的屏幕界面截图并粘贴于下方空白处。

4. 设置收付转凭证类型，并设置相应凭证限制

凭证类型	限制类型	限制科目
收款凭证	借方必有	1001，1002
付款凭证	贷方必有	1001，1002
转账凭证	凭证必无	1001，1002

要求：按上表要求设置完之后，将"凭证类别"的屏幕界面截图并粘贴于下方的空白处。

5. 录入期初余额

按照要求录入期初余额，并进行试算平衡（113000元）。

会计科目期初余额表 单位：元

科目名称	方向	期初余额
库存现金（1001）	借	4000
银行存款（1002）	借	40000
工行存款（100201）	借	40000
其他应收款（1221）	借	3000
应收个人款（122101）	借	3000
固定资产（1601）	借	76000
累计折旧（1602）	贷	10000
应付职工薪酬（2211）	贷	10000
工资（221101）	贷	10000
实收资本（4001）	贷	103000

其他应收款——应收个人款（122101）期初余额 单位：元

日期	凭证号	部门	个人	摘要	方向	期初余额
03-26	付-18	行政部	赵磊	出差借款	借	3000
				合计	借	3000

要求：将试算平衡后"期初余额"表的屏幕界面截图并粘贴于下方空白处（注意："试算平衡"的窗口不要掩盖科目及金额）。

四、固定资产管理

要求：以账套主管 001 进行操作，登录日期 2019.04.01。

1. 控制参数

控制参数	参数设置
约定与说明	我同意
启用月份	2019 年 04 月
折旧信息	本账套计提折旧 折旧方法：平均年限法（一） 折旧汇总分配周期：1 个月 当（月初已计提月份 = 可使用月份 −1）时，将剩余折旧全部提足
编码方式	资产类别编码方式：2112 固定资产编码方式：手工输入
财务接口	与账务系统进行对账 在对账不平衡情况下允许结账 对账科目：固定资产对账科目：固定资产（1601） 累计折旧对账科目：累计折旧（1602）
补充参数	业务发生后立即制单 月末结账前一定要完成制单登账业务 固定资产默认入账科目：1601 累计折旧默认入账科目：1602 减值准备默认入账科目：1603

要求：将固定资产"选项"下方的"与财务系统接口"页面截图并粘贴于下方空白处。

2. 部门对应折旧科目

管理中心：管理费用 / 折旧费；营运中心：销售费用 / 折旧费。

3. 固定资产类别

类别编码	类别名称	使用年限	净残值率 /%	计提属性	折旧方法	卡片样式
01	办公设备	5	0	正常计提	平均年限法（一）	含税样式
02	交通运输设备	10	0	正常计提	平均年限法（一）	含税样式

要求：固定资产类别输入完成后，先关闭，再重新打开，将固定资产类别页面截图并粘贴于下方空白处。

4. 增减方式的对应入账科目

增加方式为直接购入：工行存款（100201）。

5. 原始卡片

单位：元

资产编码	固定资产名称	类别编号	所在部门	使用年限	开始使用日期	原值	累计折旧
01	传真机	01	行政部	5	2016-10-20	6000	3000
02	江淮轻卡	02	销售部	10	2018-03-20	70000	7000
	合计					76000	10000

补充资料：增加方式均为直接购入。使用状况均为"在用"。

要求：将"卡片管理"下方的原始卡片列表页面截图并粘贴于下方空白处。（查询时需去除开始使用日期）。

五、薪资管理

要求：以账套主管 001 进行操作，登录日期 2019.04.01。

建立工资套：选择单工资类别核算方案；工资核算本位币为"人民币"；自动代扣个人所得税；扣零设置为不扣零；人员编码与公共平台的人员编码一致。

（一）薪资基础设置

1. 正式人员档案设置

人员编码	人员姓名	性别	人员类别	部门	是否计税
101	赵磊	男	管理人员	行政部	是
201	自己姓名	根据自己情况填写	管理人员	财务部	是
202	王明	男	管理人员	财务部	是
203	李晓	女	管理人员	财务部	是

（个人所得税按国家规定 5000 元）

要求：打开工资类别，选择"正式人员工资"，将正式人员档案列表页面截图并粘贴于下方空白处。

2. 正式人员工资项目设置

新增工资项目：基本工资（增项）、交补（增项）、养老保险（减项）、扣税基数（其他）。

计算公式：

交补 =IFF（人员类别 = "管理人员" or 人员类别 = "经营人员"，200，150）。

应发合计 = 基本工资 + 交补。

计税基数 = 基本工资 + 交补 － 养老保险

养老保险 = 基本工资 ×0.05

扣款合计 = 养老保险 + 代扣税

实发合计 = 应发合计 － 扣款合计。

要求：将"交补"公式页面截图并粘贴于下方空白处。

3. 个人所得税设置

按扣税基数扣缴个人所得税，基数为 5000。

（二）正式人员工资类别日常工资处理

1. 输入正式工资数据

单位：元

人员编码	姓名	基本工资
101	赵磊	9000
201	自己姓名	5000
202	王明	4000
203	李晓	4000

要求：输入基本工资后，点击"计算"，将计算后的页面截图并粘贴于下方空白处。

2. 工资分摊（暂不生成凭证）

计提类型名称：应付正式人员工资

分摊比例：100%

部门：选择所有部门

计提分配方式：分配到部门，明细到工资项目

分摊构成设置	部门	人员类别	应付职工薪酬	
			借方科目	贷方科目
	行政部、财务部	管理人员	660201	221101
	采购部、销售部	经营人员	660101	221101

将"工资分摊"后的页面截图并粘贴于下方空白处。

六、日常处理

（1）以 002 登录总账系统，依据相应的业务日期填制下方凭证；然后由出纳 003 进行出纳签字；由账套主管 001 进行审核、记账。

4 月 3 日，行政部赵磊出差归来，报销差旅费 1800 元，交回现金 1200 元，票号 CC001。

借：管理费用 / 其他（660299）　　　　1800

　　库存现金（1001）　　　　　　　　1200

　　贷：其他应收款（122101）　　　　　　　3000

要求：完成该收款凭证，并进行出纳签字、审核、记账，将审核、记账后的凭证保存并截图粘贴于下方空白处。

（2）以 002 登录固定资产系统，依据相应的业务日期生成下列凭证；然后由出纳 003 进行出纳签字；由账套主管 001 进行审核、记账。

4 月 10 日，用工行存款购买 HP 打印机一台，价格 3000 元（税率为 13%），具体信息如下表所示。

单位：元

卡片编号	固资名称	固资类别	原值	使用状态	增加方式	使用部门
03	HP 打印机	办公设备	3000	在用	直接购入	财务部

要求：完成该付款凭证，并进行出纳签字、审核、记账，将审核、记账后的凭证保存并截图粘贴于下方空白处。

（3）以 002 登录薪资管理系统，依据相应的业务日期生成工资分摊凭证；然后由账套主管 001 进行审核、记账。

4 月 30 日对正式人员进行工资分摊凭证生成（合并科目相同、辅助项相同的科目）。

要求：完成该转账凭证，并进行审核、记账，将审核、记账后的凭证保存并截图粘贴于下方空白处。

七、期末处理

4 月 30 日以 002 登录总账系统对"期间损益"进行定义凭证（凭证类别：转账凭证；本年利润科目：本年利润 4103）和转账生成。由账套主管 001 证进行审核、记账。

要求：完成该转账凭证，并进行审核、记账，将审核、记账后的凭证保存并截图粘贴于下方空白处。

八、报表生成

4 月 30 日以 001 登录 UFO 报表系统，生成常用报表，在常用报表中找到"利润表"。

1. 设置关键字

在利润表"格式"板块，在"A3"单元格内先删除"编制单位："内容，再在该单元格内设置关键字"单位名称"。

2. 利用模板生成利润表

在利润表"数据"板块，录入关键字，生成 4 月利润表。

要求：将利用报表模板生成的利润表截图粘贴于下方空白处。

项目二

综合技能实训（二）

本实训也可作为期末试卷（总分值：100 分，考试时间：120 分钟）；作为试卷时需要另外制作答题卡。

一、系统管理初始化设置

宏达股份有限公司 2018 年初购入用友 U8V10.1 财务软件，经过较长时间的准备，决定于 2019 年 1 月 1 日正式启用。有关操作要求如下。

1. 按资料要求设置企业软件操作员

操作员编号	姓名	部门	口令	角色
001	你的姓名	财务部	1	账套主管
002	李小明	财务部	2	总账会计，应收会计，应付会计，资产管理
003	邓超超	财务部	3	出纳

2. 建立企业账套

账套号：6+ 学号后两位

会计期间：2019 年 1—12 月，启用日期：2019 年 1 月 1 日。

企业名称：你的学号后两位 + 你的姓名 + 宏达公司

简称：宏达公司

企业类型：工业

行业性质：2007 年新会计制度科目

记账本位币：人民币（RMB）

存货、客户、供应商都分类，无外币核算

分类编码方案：

科目编码级次：42222，部门编码：122，客户和供应商编码：223，结算方式：12，收发类别编码：12，存货分类编码：1223，其他均采用系统默认编码方式。

数据核算时，小数精度均为 2 位。

3. 按要求进行财务分工权限设置

操作员编号	姓名	权限及总账业务职责
001	你的姓名	账套主管
002	李小明	基本信息、总账、固定资产管理、薪资管理的全部权限
003	邓超超	具有基本信息、"总账—凭证—出纳签字"、"总账—凭证—查询凭证"、"总账—出纳"的权限

4. 系统启用

账套主管在"企业应用平台"中启用"总账系统""固定资产系统"及"应收系统",启用日期 2019 年 1 月 1 日。

5. 设置基础分类档案

（1）建立部门档案

部门编码	部门名称	部门编码	部门名称
1	管理部	3	生产部
101	办公室	301	一车间
102	财务部	4	采购部
2	销售部	401	采购一部
201	销售一部		
202	销售二部		

（2）建立人员档案

职员编号	职员姓名	性别	人员类别	所属部门	是否业务员	是否操作员	对应操作员编码
101	你的姓名	你的性别	在职	财务部	是	是	001
102	李小明	女	在职	财务部	是	是	002
103	邓超超	男	在职	财务部	是	是	003
104	马越	男	在职	办公室	是	否	
201	张飞	男	在职	销售一部	是	否	
202	杨瑞	女	在职	销售二部	是	否	
301	葛壮	男	在职	一车间	是	否	
211	李平	男	在职	采购一部	是	否	

注：人员类别均为正式工。

（3）客户分类

分类编码	分类名称
01	零售
02	批发

（4）客户档案

客户编码	01	02	03	04
客户名称	青春贸易公司	和谐贸易公司	小众公司	兴隆商行
客户简称	青春	和谐	小众	兴隆
所属分类	01		02	
开户银行	工行花园支行	中行安远支行	工行文化支行	工行建设支行
银行账号	73853654	69325581	36542234	43810548
分管部门	销售一部	销售一部	销售二部	销售二部
分管业务员	张飞	张飞	杨瑞	杨瑞

（5）供应商分类

分类编码	分类名称
01	材料供应商

（6）供应商档案

供应商编号	01
供应商名称	金牛公司
简称	金牛
所属分类	01
开户银行	工行
银行账号	63858652
分管部门	采购一部
分管业务员	李平

（7）计量单位组

计量单位组编号	计量单位组名称	计量单位组类别
01	无换算关系	无换算

（8）计量单位

计量单位编号	计量单位名称	所属计量单位组名称
01	盒	无换算关系
02	台	无换算关系
03	千米	无换算关系
04	只	无换算关系

（9）存货分类

分类编码	分类名称
1	原材料
101	硬盘
102	显示器
103	键盘
2	产成品
201	计算机
3	配套产品
301	打印机
9	应税劳务

（10）存货档案

单位：元

编码	名称	类别	计量单位	税率/%	存货属性	参考成本	参考售价
001	320GB 硬盘	101	盒	13	外购，内销，生产耗用	500	750
002	计算机	201	台	13	自制，内销	4200	5500
003	21 寸显示器	102	台	13	外购，内销，生产耗用	800	1000
004	HP 打印机	301	台	13	外购，内销	2758	3850
005	运输费	9	千米	9	外购，内销，应税劳务		
006	键盘	103	只	13	外购，内销，生产耗用	50	60

二、总账初始设置

1. 总账系统控制参数设置

选项卡	参数设置
凭证	制单序时控制 凭证编号由系统编号 可以使用应收受控科目 可以使用应付受控科目 可以使用存货受控科目 现金流量科目必录现金流量项目
权限	可查询他人填制凭证 允许修改、作废他人填制凭证 出纳凭证必须经出纳签字
会计日历	数量小数位和单价小数位设置为 2 位
其他	外币核算采用固定汇率 部门、个人、项目按编码方式排序

2. 建立会计科目体系，设置辅助核算项目

指定会计科目，现金科目："1001"，银行科目："1002"，把"1001 库存现金""100201 工行存款""100202 建行存款"科目指定为"现金流量科目"。（增加完会计科目再指定会计科目）

该公司一级科目采用行业标准会计科目，结合企业实际情况，需调整的会计科目如下。

单位：元

科目名称	辅助类	数量	单价	方向	金额
库存现金 (1001)	日记			借	20000
银行存款 (1002)	日记、银行			借	287539
工行存款（100201）	日记、银行			借	287539
建行存款（100202）	日记、银行			借	0
应收账款（1122）	客户往来			借	157600

续表

科目名称	辅助类	数量	单价	方向	金额
其他应收款（1221）				借	5000
个人应收款（122101）	个人往来			借	5000
单位应收款（122102）	客户往来			借	0
原材料（1403）				借	65500
320GB 硬盘（140301）	数量核算：盒	80	500	借	40000
21 寸显示器（140302）	数量核算：台	30	800	借	24000
键盘（140303）	数量核算：只	30	50	借	1500
库存商品（1405）				借	126000
计算机（140501）	数量核算：台	30	4200	借	126000
固定资产（1601）				借	870000
累计折旧（1602）				贷	38800
短期借款（2001）				贷	60000
应付账款（2202）	供应商往来			贷	71485
预收账款（2203）	客户往来			贷	68950
应交税费（2221）				贷	17165
应交增值税（222101）				贷	17165
进项税额（22210101）				贷	7000
销项税额（22210102）				贷	10165
实收资本（4001）				贷	820000
资本公积（4002）				贷	128980
利润分配（4104）				贷	326259
制造费用（5101）				借	
折旧费（510101）				借	
生产成本（5001）				借	
直接材料（500101）				借	
主营业务收入（6001）				贷	
计算机（600101）	数量核算：台			贷	
其他业务收入（6051）				贷	
主营业务成本（6401）				借	
计算机（640101）	数量核算：台			借	
销售费用（6601）				借	
管理费用（6602）				借	
薪资（660201）	部门核算			借	
福利费（660202）	部门核算			借	

续表

科目名称	辅助类	数量	单价	方向	金额
办公费（660203）	部门核算			借	
差旅费（660204）	部门核算			借	
招待费（660205）	部门核算			借	
折旧费（660206）	部门核算			借	
其他（660207）	部门核算			借	
财务费用（6603）				借	
利息支出（660301）				借	

3. 结算方式设置

结算方式编码	结算方式名称	票据管理
1	现金结算	否
2	支票结算	否
201	现金支票	是
202	转账支票	是
9	其他	否

4. 设置凭证类别，并确定限制条件

该公司采用三类式记账凭证：即付款凭证、收款凭证、转账凭证。

凭证类别	限制类型	限制科目
收款凭证	借方必有	1001，100201，100202
付款凭证	贷方必有	1001，100201，100202
转账凭证	凭证必无	1001，100201，100202

5. 输入期初余额（要进行期初试算平衡）

辅助账期初余额表如下。

会计科目：1122 应收账款，余额：借 157600 元。

单位：元

日期	客户	方向	摘要	金额	业务员
2018-11-25	青春贸易公司	借	销售商品	99440	张飞
2018-12-07	和谐贸易公司	借	销售商品	58160	张飞

会计科目：112101 其他应收款——个人应收款，余额：借 5000 元。

单位：元

日期	凭证号	部门	个人	摘要	金额
2018-11-26	付 -125	财务部	邓超超	出差借款	5000

会计科目：2202 应付账款，余额：贷 71485 元。

单位：元

日期	供应商	方向	摘要	金额	业务员
2018-12-12	金牛公司	贷	购买材料	71485	李平

会计科目：2203 预收账款，余额：贷 68950 元。

单位：元

日期	客户	方向	摘要	金额	业务员
2018-12-20	小众公司	贷	销售商品	68950	张飞

三、固定资产初始设置

1. 固定资产系统控制参数设置

控制参数	参数设置
启用月份	2019 年 1 月
折旧信息	本账套计提折旧 折旧方法：平均年限法（一） 折旧汇总分配周期：1 个月 当（月初已计提月份 = 可使用月份 −1）时，将剩余折旧全部提足
编码方式	资产类别编码方式：2112 固定资产编码方式：按"类别编码 + 部门编码 + 序号"自动编码 卡片序号长度为 3
财务接口	与账务系统进行对账 在对账不平衡情况下不允许结账 对账科目：固定资产对账科目：固定资产（1601） 　　　　　累计折旧对账科目：累计折旧（1602）
补充参数	业务发生后立即制单 月末结账前一定要完成制单登账业务 固定资产默认入账科目：1601 累计折旧默认入账科目：1602 减值准备默认入账科目：1603

2. 资产类别

编码	类别名称	单位	计提属性	净残值率 /%	卡片样式
01	机器及运输设备		正常计提	4	含税样式
011	经营用设备		正常计提	4	含税样式
012	非经营用设备		正常计提	4	含税样式
02	电子设备及其他通信设备		正常计提	4	含税样式
021	经营用设备	台	正常计提	4	含税样式
022	非经营用设备	台	正常计提	4	含税样式

3. 部门及对应折旧科目

部门	对应折旧科目
管理部、采购部	管理费用——折旧费
销售部	销售费用
生产部	制造费用——折旧费

4. 增减方式的对应入账科目

增减方式目录	对应入账科目
增加方式	
直接购入	工行存款
减少方式	
毁损	固定资产清理

5. 原始卡片录入

单位：元

固定资产名称	编号	所在部门	增加方式	可使用年限	开始使用日期	原值	累计折旧
轿车	012	办公室	直接购入	10	2018-7-1	263000	10520
车床1	011	一车间	直接购入	10	2018-6-1	250000	12000
车床2	011	一车间	直接购入	10	2018-6-1	250000	12000
笔记本电脑	022	办公室	直接购入	5	2018-6-1	17000	680
打印机	022	财务室	直接购入	10	2018-7-1	90000	3600
合计						870000	38800

注：使用状况均为"在用"。

四、应收款管理初始设置

1. 应收款管理系统控制参数设置

坏账处理方式	应收余额百分比
是否自动计算现金折扣	是
销售项目依据	按存货

2. 初始设置
（1）设置科目

科目类别	设置方式
基本科目设置	应收科目：1122 预收科目：2203 税金科目：22210102
控制科目设置	所有客户的控制科目 应收科目：1122；预收科目：2203
产品科目设置	销售收入科目： 002 计算机为600101 001、003、004、006 均为6051

续表

科目类别	设置方式
结算方式科目设置	现金支票：100201 转账支票：100201 币种均为人民币

（2）坏账准备设置

控制参数	参数设置
提取比例	0.5%
坏账准备期初余额	0
坏账准备科目	1231
对方科目	6701

（3）账龄区间设置

序号	起止天数	总天数
01	0—30	30
02	31—60	60
03	61—90	90
04	90 以上	

3. 期初余额

会计科目：1122 应收账款，余额：借 157600 元。

普通发票 单位：元

日期	客户	销售部门	科目	货物名称	数量	单价	金额
2018-11-25	青春贸易公司	销售一部	1122	计算机	16	6215	99440

增值税发票 单位：元

日期	客户	销售部门	科目	货物名称	数量	无税单价	税率	金额
2018-12-07	和谐贸易公司	销售一部	1122	计算机	9	5500	13%	55935

其他应收单 单位：元

日期	客户	销售部门	科目	金额	摘要
2018-12-07	和谐贸易公司	销售一部	1122	2225	代垫运费

会计科目：2203 预收账款，余额：借 68950 元。

预收款——收款单 单位：元

日期	客户	销售部门	科目	结算方式	票号	金额
2018-12-20	小众公司	销售一部	2203	转账支票	0009	68950

4. 本单位开户银行

编号	开户行	账号
01	工行化工路支行	864975219832

5. 单据格式设置

修改"销售专用发票""销售普通发票"的单据格式，将其表头项目"销售类型"修改为非必输项。

五、日常业务处理

1. 业务处理（用账套主管身份操作）

（1）1月5日，收到某公司投资资金面额600000元，建设银行转账支票，票号1001。在总账系统填制该凭证。

（2）1月7日，销售二部出售给兴隆商行50盒320GB硬盘，无税单价750元/盒，开出普通发票，货已发，款项尚未收到。在应收系统填制发票并生成凭证。同时，在总账系统填制结转硬盘销售成本的凭证，硬盘成本为500元/盒。

（3）1月9日，财务部购买笔记本电脑一部，价值22000，净残值率4%，预计使用年限5年。在固定资产系统进行业务处理并制单。

（4）1月11日，销售二部出售小众公司计算机15台，无税单价5500元/台，开出增值税发票，增值税率13%，货已发出。同时，用工行存款代垫运费5000元。用小众公司的期初预收款冲减其货款。在应收系统对以上业务进行处理并制单。（该销售成本于月末统一结转）

（5）1月13日，收到兴隆商行的转账支票一张，金额45000元，票号是0001，用以归还本月7日的货款，剩余款项转为预收账款。在应收系统进行业务处理（包括制单及核销）。

（6）1月16日，收到青春贸易公司转账支票一张，金额50000元，票号是0002，用以归还期初的部分货款。在应收系统进行业务处理（包括制单及核销）。

（7）1月16日，出纳员邓超超从工商银行提取10000元，作为备用金，现金支票号为0007。在总账系统填制该凭证。

（8）1月17日，办公室支付业务招待费1500元，转账支票号4441。在总账系统填制该凭证。

（9）1月18日，销售一部张飞销售给和谐贸易公司5台计算机，无税单价为5500元/台，增值税率13%，款项尚未收到。在应收系统进行业务处理并制单。（该销售成本于月末统一结转）

（10）1月21日，确认本月11日为小众公司代垫运费5000元，作为坏账处理。在应收系统进行业务处理并制单。

（11）1月22日，采购部李平购买一批原材料25000元，增值税率13%，材料直接入库，货款以工行存款支付，开出转账支票，支票号4442。在总账系统填制该凭证。

（12）1月23日，一车间领用10盒320GB硬盘、10台21寸显示器、10只键盘，用以生产产品，其成本单价分别为500元/盒、800元/台、50元/只。在总账系统填制该凭证。

（13）1月31日，计提本月折旧费用。在固定资产系统进行业务处理并制单。

（14）1月31日，计提本月坏账准备。在应收系统进行业务处理并制单。

2. 凭证审核与记账

对本月的记账凭证以总账会计李小明进行审核，出纳业务要由出纳邓超超进行出纳签字，用账套主管进行记账。

六、期末处理

1.自定义转账及凭证生成（审核及记账）

1月31日，计提短期借款利息，银行月利率0.6%，按照短期借款的期末余额进行计提。

借：财务费用/利息支出（660301）

　　贷：应付利息

2.销售成本结转定义及凭证生成（审核及记账）

3.期间损益结转定义及凭证生成（审核及记账）

4.月末结账（对账及结账）

七、报表处理

（1）资产负债表。追加行，填写制表人；填写编制单位名称；录入关键字。截图截最后资产合计数以及负债和所有者权益合计数。

利用报表模板生成资产负债表，生成数据。

（2）现金流量表。填写编制单位名称；填写年度；填写制表人。截图要求显示"经营活动产生的现金流量"和"现金及现金等价物净增加额"。

利用报表模板生成现金流量表，并补充完整公式生成数据。（只需增加"销售商品、提供劳务收到的现金"项目公式、"吸收投资所收到的现金"项目公式）

参考文献

［1］牛永芹．ERP 财务管理系统实训教程：用友 U8V10.1 版 [M]．4 版．北京：高等教育出版社，2023．

［2］庄胡蝶．会计信息化：用友 ERP-U8V10.1[M]．3 版．北京：高等教育出版社，2020．

［3］牛永芹．ERP 财务管理系统综合实训：用友 U8V10.1 版 [M]．4 版．北京：高等教育出版社，2023．

［4］庄胡蝶．会计信息化学习指导、习题与项目实训：用友 ERP-U8V10.1[M]．3 版．北京：高等教育出版社，
2020．

［5］张瑞君．会计信息系统：基于用友新道 U8+V15.0：立体化数字教材版 [M]．9 版．北京：中国人民大学
出版社，2021．